Gnosis, christendom en innerlijke ervaring

Jacob Slavenburg/Hein Stufkens/Marcel Messing

Gnosis, christendom en innerlijke ervaring

Uitgeverij Ankh-Hermes bv – Deventer

CIP-GEGEVENS KONINKLIJKE BIBLIOTHEEK, DEN HAAG

Jacob Slavenburg/Hein Stufkens/Marcel Messing
Gnosis, christendom en innerlijke ervaring / Jacob Slavenburg/Hein Stuf-
kens/Marcel Messing - Deventer : Ankh-Hermes. - Ill.
ISBN 90-202-8064-3
NUGI 631/626
Trefw.: Gnosis.

© 1994, Uitgeverij Ankh-Hermes bv, Deventer

Inhoud

Voorwoord

Het geeft ons veel voldoening het werk van twee van onze belangrijkste auteurs – Jacob Slavenburg en Marcel Messing – in één band te kunnen uitbrengen en bovendien Hein Stufkens als Ankh-Hermes-auteur bij u te introduceren.

Dit drietal vormde het panel van ons succesvolle symposium, gehouden op 4 en 11 juni 1994, respectievelijk in Ede en Izegem.

Dit boek is de weergave van de voordrachten die beide dagen zijn gehouden en bevat tevens een aantal vragen gesteld tijdens het symposium te Ede.

Succesvol, dat was het zeker! Geboeid zat het veelkoppige publiek te luisteren naar de drie zozeer verschillende voordrachten; velen voelden zich er zo bij betrokken dat ze achter de interruptiemicrofoon stonden te popelen om hun vraag te stellen. In de wandelgangen zinderde en gonsde het van de vele discussies. Maar ook na die glorieuze dag bleef er belangstelling, van de kant van de pers en de radio. Omdat er helaas ook velen waren die geen plaats meer konden krijgen, maar ook voor de vele symposiumbezoekers die erom vroegen, hebben wij deze bundel samengesteld.

Tijdens de symposia hebben wij ons boek *Nag Hammadi-geschriften I* ten doop gehouden. Dit boek, dat eigenlijk de aanzet tot het symposium was, is de vergelijkende vertaling van de geschriften die in 1945 bij het dorpje Nag Hammadi in Egypte werden gevonden door een boer die teelaarde zocht.

Vergelijkend, omdat de vertalers, Jacob Slavenburg en Willem Glaudemans, de reeds bestaande vertalingen in het Engels, Frans, Duits, Grieks en Latijn naast elkaar legden en daarbij de hulp ingeroepen hebben van koptisante B. Hoogervorst om hen te assisteren bij moeilijke of duistere passages in de Koptische grondtaal. Daardoor, maar ook door de verhelderende inleidingen tot de Evangeliën, Openbaringen, Geheime Boeken en andere teksten, hebben wij, denken we, de meest toegankelijke vertaling van deze zo belangrijke geschriften uitgegeven. Deel II van dit werk volgt in december 1995.

De uitgever

Jacob Slavenburg:
De spectaculaire Nag Hammadi-vondst

Bijna vijftig jaar geleden, in december 1945, werd in Boven-Egypte bij de plaats Nag Hammadi een opmerkelijke vondst gedaan. Een Arabische boer, Mohammed Ali al-Samman, die naar teelaarde aan het zoeken was aan de voet van het Jabal-al-Tarif-massief vond daar een kruik. Het was een heel zware kruik en Mohammed Ali dacht aan een verborgen schat. Maar zijn vrees dat er een *jinn*, een boze geest in zat, boezemde hem zoveel angst in dat hij de kruik niet open durfde te maken. Later op de dag echter won de nieuwsgierigheid het van de angst en gaf het vooruitzicht dat hij door een vondst van goud en zilver misschien wel in één klap heel rijk zou worden hem voldoende moed om de kruik stuk te slaan. Wat hij vond stelde hem teleur. Geen goud, juwelen of zilver maar dertien zeer oude lederen banden met daartussen droge papyrusbladeren. En toch had Mohammed Ali daarmee een schat blootgelegd die van een onnoemelijk veel grotere waarde was dan welk gewicht in goud en zilver ook. Daar, in december 1945, werd in de Egyptische woestijn door een eenvoudige Arabische boer een vondst gedaan die het aanzien van de wereld ingrijpend zal veranderen.

De Codex Jung

Zoals ook met de Dode-Zee-rollen gebeurde, die in 1947 bij Qumran werden gevonden, duurde het geruime tijd voordat de waarde van de vondst doordrong tot de wetenschappelijke wereld. In die tussentijd waren er goede zaken gedaan door antiquairs die zelfs kans zagen een aantal geschriften Egypte uit te smokkelen. Mede door toedoen van Carl Gustav Jung, die het benodigde kapitaal verschafte, kon de Nederlandse hoogleraar Gilles Quispel in 1952 een codex terugkopen, die dan ook de naam *Codex Jung* heeft gekregen. Deze codex werd niet eerder aan de Egyptische autoriteiten overhandigd vooraleer er beloften werden gedaan dat onderzoek en vertaling van de geschriften niet tot een bevoorrecht clubje (Franse) theologen beperkt zou blijven, maar dat er een foto-uitgave van alle geschriften zou komen die wetenschappers over de hele wereld in staat zou stellen zelf kennis te nemen van deze spectaculaire vondst.

Toch duurde het nog ruim twintig jaar voordat daarmee begonnen werd. Tweeëneenhalve maand na de aankoop van Quispel viel het Egyptische koningshuis en dat was er de oorzaak van dat een deel van de teksten die nog in Egypte verbleven, tot de herfst van 1956 in een kluis verdween. Een ander deel, met onder andere het beroemde *Evangelie van Thomas* dat door de Egyptische regering teruggevorderd was van een Cypriotische antiquair, zat jarenlang onaangeroerd in een koffer die rondslingerde op het kantoor van de directeur van het Koptisch museum in Egypte. En zo konden pas in de jaren 1972 tot 1977 alle nog niet inmiddels verloren gegane geschriften gefotografeerd worden ten behoeve van een facsimile-uitgave die geleerden over de gehele wereld in staat stelde de teksten te onderzoeken en te vertalen. Een integrale vertaling in het Engels kwam onder supervisie van Robinson tot stand in het jaar 1977: *The Nag Hammadi Library in English*. Nu konden ook andere geïnteresseerden kennis nemen van de rijke inhoud van deze geschriften. In diezelfde tijd werden ook de teksten gepubliceerd van vier geschriften die aan het eind van de vorige eeuw in Berlijn opdoken en daarom de titel *Berlijnse Codex* hebben meegekregen. Opvallend hierbij was dat twee van deze vier teksten ook uit de kruik van Nag Hammadi tevoorschijn waren gekomen.

De inhoud van de geschriften

De inhoud van de kruik is nogal divers van samenstelling. Zo vinden we er een aantal vroegchristelijke geschriften in terug, zoals evangeliën, openbaringen en geheime boeken, maar ook joods-gnostische geschriften, zoals een brief aan Eugnostus, een openbaring van Adam en enige uiterst boeiende scheppingsmythen. Daarnaast bevatte de kruik wijsgerige traktaten als *De echte leer* en wijsheidsspreuken van een zekere Sextus, ja zelfs een fragment uit *Politeia* van Plato. En tot slot vinden we ook nog drie hermetische geschriften in de kruik: naast een hermetische verhandeling en een dankgebed een uiterst indringend inwijdingsgeschrift.

Al deze geschriften dateren uit de eerste vier eeuwen van onze jaartelling, met het accent op de tweede eeuw. De kruik moet zo rond het jaar 367 verborgen zijn. Uit de eerste eeuw zijn een aantal christelijke teksten gevonden, waarover straks meer. De taal waarin deze geschriften zijn gevonden is het Koptisch, maar zonder uitzondering betreft dit een latere vertaling van originele Griekse documenten. In een enkel geval is het zelfs mogelijk dat de oorspronkelijke taal, voor de overzetting in het Grieks en daarna in het Koptisch, Aramees of Hebreeuws is geweest.

De gnostische evangeliën

Wat maakt deze geschriften buiten hun eerbiedwaardige ouderdom van minstens zestien eeuwen zo bijzonder? De grootste waarde ligt erin dat we kennis kunnen nemen van een indringende spiritualiteit uit de eerste eeuwen van onze jaartelling, die in de gangbare geschiedenis steeds verder uitgefilterd werd, naar een zijspoor werd verwezen en ten slotte verketterd. Enkele christelijke teksten uit de kruik van Nag Hammadi leggen een wortelstelsel van onze westerse cultuur bloot dat door de latere christelijke kerk steeds meer overwoekerd en ten slotte uitgerukt werd. De gevonden teksten werpen door hun aanvullend karakter een nieuw perspectief op de ontstaansgeschiedenis van het christendom en tonen onder andere een beeld van Jezus van Nazareth dat door de latere kerkelijke traditie om allerlei redenen is aangetast en vervormd. Na 'Nag Hammadi' dient de geschiedenis van het christendom eigenlijk herschreven te worden. Maar ook de in de kruik gevonden niet-christelijke teksten zijn van een grote waarde. Onze kennis over de (antieke) gnostiek is sterk uitgebreid na de Nag Hammadi-vondst. Overduidelijk is, wat we al eerder wisten uit de zogenaamde *Hermetische Geschriften*, dat gnosis niet alleen een christelijk fenomeen is. Gnosis is van alle tijden en vinden we in vrijwel iedere cultuur. Het Griekse woord *gnosis* wil zeggen: kennis, inzicht. Daarmee wordt niet de uiterlijke kennis bedoeld, maar innerlijke kennis. Het is de diepe kennis van de grond van ons bestaan.

De schepping

Heel duidelijk rekenen de gnostische geschriften af met de idee dat *Genesis* het begin van alles vormt. Gnostici ervoeren diep in hun eigen kern het *pneuma*, de geest, die een eenheid vormde met de Geest, de oneindige ondefinieerbare God, de oerbron, de totaliteit van alle energieën. Dus geen straffende en wrekende en naijverige god, maar het pure Licht. Door deze Godservaring voelde de gnosticus zich in sterke mate met het totaal, met het universele, verbonden. Het bijbelverhaal *Genesis* zag hij als de tweede akte in de scheppingsgeschiedenis; niet als het begin. Dat maakte hem tot een vrij mens omdat hij geen verantwoording schuldig was aan een persoonlijke jaloerse en wrekende god maar aan zichzelf.

En dat is nu ook precies wat Jezus van Nazareth leerde en wat opgetekend is in de christelijke geschriften die uit de kruik van Nag Hammadi tevoorschijn kwamen. Om tot de goddelijke staat te geraken is één ding absoluut noodzakelijk: zelfkennis.

14

Kennis van het zelf leidt tot kennis van het Al, tot Godskennis. In het *Evangelie van Thomas* lezen we:

Jezus zei:
Wie het Al denkt te kennen
maar niet zichzelf
blijft volkomen in gebreke.

En in een andere tekst uit de kruik leert de meester Sylvanus:

Want niemand, al wil hij dat nog zo graag, zal ooit in staat zijn God te kennen zoals hij werkelijk is, noch Christus, noch de Geest, noch het engelenkoor, noch de aartsengelen en de tronen der geesten, en de verheven heerschappen, en het Grote Bewustzijn. Als je jezelf niet kent, zul je niet in staat zijn dit alles te kennen. Open de deur van jezelf, om de Ene-die-is te kennen. Klop op jezelf, opdat het Woord zich voor je ontsluit.

Door zichzelf te leren kennen leert de mens God kennen en zich van Hem bewust worden. Dat is de diepste essentie van gnosis. Over die kennis (*gnosis*) gaat het in vrijwel alle geschriften die in de kruik van Nag Hammadi zijn gevonden.

Ouder dan het Nieuwe Testament

Steeds meer onderzoekers komen bij het bestuderen van de tweeënvijftig in de kruik gevonden geschriften tot de ontdekking dat er enkele bij zijn die minstens net zo oud, of zelfs *ouder* zijn dan de bijbelse evangeliën. Zo bevat het *Evangelie van Thomas* een verzameling van 114 uitspraken van Jezus die *ouder* en *authentieker* zijn dan de van hem weergegeven uitspraken in de vier bijbelse evangeliën. Ongeveer de helft van deze 114 uitspraken is, alhoewel tweeduizend jaar oud, voor ons *volkomen nieuw*. En datzelfde geldt voor het prachtige geschrift *Gesprek met de Verlosser*, waarin Jezus een intiem en indringend gesprek heeft met Maria Magdalena, Matteüs en Thomas.

En ook het *Geheime Boek van Jacobus* waarin Jezus nog steeds hoogst actuele leringen verkondigt aan Petrus en aan zijn broer Jacobus, kent een traditie van uitspraken van Jezus, die teruggaat tot de eerste eeuw van onze jaartelling. Dat het hier om zogenaamde *geheime leringen* gaat, wil niets anders zeggen dan dat ze slechts voor enkele ingewijden van die dagen golden omdat de grote massa deze dingen nog niet kon begrijpen.

Theologie

De vondst bij Nag Hammadi heeft door haar rijke inhoud zeker ook theologische consequenties. In de gevonden scheppingsverhalen, nog geworteld in het beeld-bewustzijn van de mens uit die tijd, vinden we het beeld van een volkomen *onpersoonlijke* kracht, die slechts af en toe, en met grote schuchterheid God wordt genoemd. Deze kracht wordt ook aangeduid met *Maagdelijke Geest*, de *Ene-die-is* of *Hij-die-is*. In het *Geheime Boek van Johannes* lezen we:

De Eenheid is soeverein,
daarboven is niets.
Hij is de ware God en Vader van het Al,
de Onzichtbare, de Geest, die over het Al is,
die in onvergankelijkheid verkeert
en woont in het zuivere licht,
dat geen ogen aanschouwen kunnen.
Hij is de onzichtbare Geest.
Men mag Hem zich niet als goden
of iets dergelijks voorstellen
want Hij is grootser dan goden,
omdat er niemand bestaat die boven Hem is.
Niemand is heer over Hem, en
Hij is aan niemand ondergeschikt,
want er is niemand die niet in Hem is.
Hij alleen is eeuwig en heeft geen leven nodig,
want Hij is volkomen onvolmaakbaar.

Hem ontbreekt niets
dat Hem zou kunnen vervolmaken,
omdat Hij steeds volmaakt is.
Hij is het licht.
Hij is onbegrensbaar,
want Hem ging niemand vooraf die Hem kan begrenzen.
Hij is onbepaald,
want Hem ging niemand vooraf die Hem kan bepalen.
Hij is onmetelijk,
want er is niemand die Hem kan meten.
Hij is onzichtbaar,
want niemand heeft Hem gezien.
Hij is eeuwig, Hij bestaat in eeuwigheid.
Hij is onbeschrijfelijk,
want het is niemand gelukt Hem te beschrijven.
Hij is onnoembaar,
want niemand is Hem voorafgegaan om Hem een naam te geven.
Hij is het onmetelijke licht,
zuiver, heilig en rein.
Hij is onuitsprekelijk,
volmaakt in onvergankelijkheid.
Hij is niet voleindigd,
noch zalig, noch goddelijk,
maar overstijgt dit alles verre.
Hij is noch lichamelijk noch onlichamelijk.
Hij is groot noch klein.
Over Hem is het niet mogelijk te beantwoorden:
'Wat is zijn kwantiteit?'
of 'Wat is zijn kwaliteit?'
want er is niemand die Hem kent.
In niets gelijkt Hij op het bestaande,
want Hij is dit verre superieur,
niet dat Hij (eenvoudigweg) superieur is,
maar dat zijn wezen op zichzelf
geen deel heeft aan eonen en tijden.
Wie namelijk deelheeft aan de eonen
is daartoe tevoren (door een ander) gereedgemaakt.
Hem echter is geen tijd toebemeten.

Want Hij ontvangt niets van anderen die toebedelen,
want zoiets zou slechts een leen zijn.
Want Hij die (alle) anderen voorafgaat
mist niets wat Hij van hen zou kunnen ontvangen.
Zij zijn het (veeleer) die verwachtingsvol opzien
naar zijn louterend licht.
Want Hij is grootheid, onmetelijke grootheid,
eeuwigheid, schenker van eeuwigheden,
leven dat leven schenkt,
gelukzaligheid die gelukzaligheid schenkt,
kennis die kennis verschaft,
goedheid die goedheid schenkt,
ontferming die ontferming en redding biedt,
genade die genadig is,
niet omdat Hij (dit alles voor zichzelf) heeft,
maar omdat Hij het in onmetelijk,
oneindig erbarmen uitdeelt.

Er wordt dus gesproken over een kracht, niet over een persoon. Een Zijn dat vanuit de rust een beweging creëert, uitstroomt; zoals de zon zelf onbeweeglijk blijft maar haar stralen uitzendt naar (onder andere) de aarde. Door dat uitstromende ontstaat zelfreflectie; de Geest spiegelt zich in het zuivere lichtwater. Deze vrouwelijke kant van de Geest, van God, want deze is te allen tijde verheven boven ons aardse begrip van man en vrouw, zelfs boven androgyniteit, vormt het bewustzijn. Bewust-Zijn; het bewustzijn van het Zijn. Daaruit vloeit een krachtveld voort dat soms met de *Zoon* wordt aangeduid, of met *Logos*, of met *Christus*. We hebben het dan over de puur pre-existente Christus; niet over Jezus van Nazareth. Het Zoon-principe voert tot bewustwording van de Geest, van de Vader (vergelijk de uitspraken van Jezus in de laatste fase van zijn leven, toen hij totaal verenigd was met die Christus-kracht, in het *Evangelie volgens Johannes*, dat de Vader kenbaar wordt door de Zoon). De Christuskracht voert de mens tot bewustwording van de Vader.
Na de Zoon vloeien nog vele krachtvelden voort die in de gnos-

tische scheppingsmythen namen hebben gekregen als Waarheid, Liefde, Intelligentie, Voorzienigheid, Wijsheid, Leven, Gemeenschap, enzovoort.

Een breuk in de Lichtwereld van de hier genoemde geestelijke krachten manifesteert de duisternis, de chaos. In deze chaos dient ordening (Grieks: *kosmos*) te worden gebracht en er ontstaan *vormende krachten*, de *Elohim*, die overgaan tot de schepping van kosmos, aarde en mens. We komen dan op het terrein van *Genesis*. De mens is naar lichaam een vormsel van de Elohim, het vormende krachtveld, ook wel aangeduid met de *demiurg*, maar de diepste kern van de mens blijft het zuivere licht, de maagdelijke Geest. God is dus te allen tijde transcendent *en* immanent. Een ander beeld dan de persoonlijke God, de volstrekt andere, in de christelijke theologie.

De dwaling van Johannes Paulus II

Zoals gezegd heeft Nag Hammadi consequenties voor de theologie, ook ten aanzien van de rol van de vrouw. Uit de gevonden geschriften blijkt overduidelijk dat Jezus niet alleen mannelijke apostelen had. Maria Magdalena wordt daarin herhaaldelijk aangeduid als 'de vrouw die het Al kent', als een volledig ingewijde. Zij was de enige van Jezus' leerlingen die tijdens diens aardse leven de volledige draagwijdte van zijn Christuszijn omvatte. Zo lezen we in het *Evangelie volgens Filippus*:

Jezus hield op een andere wijze van Maria
dan van de andere leerlingen,
en hij kuste haar vaak.
De overige leerlingen zagen hoe hij van Maria hield
en vroegen hem:
'Waarom houdt u meer van haar
dan van ons allemaal?'
De Heer antwoordde hun met de woorden:
'Waarom houd ik niet van jullie

19

zoals van haar?
Wel, als een blinde
en iemand die kan zien
samen in het donker zijn,
verschillen ze niet van elkaar.
Maar als het licht wordt,
zal de ziende het licht zien
en de blinde in het donker blijven.'

Toen men later geen begrip meer had voor Jezus als mens, geboren uit de liefdesgemeenschap van vader Jozef en moeder Maria – het hele maagdelijkheidsdogma is van later tijd –, dat hij niet dezelfde was als de Christus, de preëxistente Zoon van God, groeide ook het onbegrip over Maria Magdalena, die in de eerste eeuwen nog apostola apostolorum, 'apostel boven de apostelen' werd genoemd en aan wie zelfs nog een evangelie (opgenomen in *Nag Hammadi-geschriften I*) is gewijd.

Johannes Paulus II heeft dus volslagen ongelijk met zijn stelling dat Jezus alleen maar mannelijke apostelen gehad zou hebben; dit ter rechtvaardiging van het feit dat de vrouw geen priester zou kunnen worden.

In het *Evangelie van Thomas* roept Petrus uit:

Laat Maria Magdalena van ons weggaan, want vrouwen zijn het leven niet waardig.

De rooms-katholieke kerk ziet Petrus graag als eerste apostel, als eerste paus. Het wordt steeds duidelijker waarom.

De vroegchristelijke geschriften

Zoals gezegd is er in de kruik een aantal geschriften gevonden uit de eerste eeuw, waarvan enkele zelfs ouder zijn dan de nieuwtestamentische evangeliën, zoals het *Evangelie van Thomas*, de dialoog uit het *Gesprek met de Verlosser* en een gedeelte uit het *Geheime Boek van Jacobus*. Ook in het *Evangelie volgens Filippus*, dat grotendeels uit de tweede eeuw stamt, zijn oudere fragmenten opgenomen. Datzelfde geldt welhaast zeker ook voor het *Boek van Thomas de Kampvechter*.

Het *Evangelie van Thomas* bevat honderdenveertien logia, uitspraken van Jezus. Ongeveer de helft daarvan heeft parallellen met vooral de synoptische evangeliën (Marcus, Lucas en Matteüs); de andere helft wordt gevormd door uitspraken die tot nu toe onbekend waren.

Van de uitspraken die parallellen hebben met de bijbelse evangeliën valt direct op dat bijna altijd 'Thomas' directer, kernachtiger is; meer to the point. Iedere vorm van theologie ontbreekt nog. Een enkel voorbeeld wil ik noemen om dit te illustreren.

Uit de evangeliën van zowel Marcus, Lucas als Matteüs kennen we de parabel over de belasting die aan Rome, aan Caesar (de keizer) betaald dient te worden. Bij Matteüs (22:17-21) lezen we daarover:

Zegt ons daarom: 'Wat dunkt U, is het geoorloofd belasting te betalen aan de keizer of niet?' Maar Jezus doorzag hun valsheid en zei: 'Waarom probeert gij Mij te vangen, gij huichelaars? Laat Mij de belastingmunt eens zien.' Zij hielden Hem een denarie voor. Hij vroeg hun: 'Van wie is deze beeldenaar en het opschrift?' Zij antwoordden: 'Van de keizer.' Daarop sprak Hij tot hen: 'Geeft dan aan de keizer wat de keizer toekomt, en aan God wat God toekomt.'

Marcus (12:13-17) beschrijft deze gebeurtenis nog uitgebreider:

Zij stuurden enkele Farizeeën en Herodianen op Hem af om Hem vast te zetten. Deze kwamen bij Hem met de vraag: 'Meester, wij weten dat Gij oprecht zijt en U aan niemand stoort, want Gij ziet de mensen niet naar de ogen, maar leert de weg van God in oprechtheid. Is het geoorloofd belasting te betalen aan de keizer of niet? Zullen we betalen of niet betalen.'
Maar Jezus die hun huichelarij doorzag, antwoordde: 'Waarom probeert ge Mij te vangen? Geeft Mij een denarie, dan zal Ik eens zien.' Zij deden het. Jezus vroeg hun nu: 'Van wie is deze beeldenaar en het opschrift?' Ze antwoordden: 'Van de keizer.' Daarop sprak Jezus tot hen: 'Geeft dan aan

de keizer wat de keizer toekomt en aan God wat God toekomt.' En ze stonden verwonderd over Hem.

Een soortgelijke verhalende structuur vinden we bij Lucas (20:21-26). Van dat verhaal, om de eigenlijke vraag en het antwoord daarop van Jezus heen, vinden we niets terug bij Thomas. Hier hoeft niets uitgelegd te worden aan de lezer: de zaak is volstrekt duidelijk:

Zij toonden Jezus een goudstuk
en zeiden tegen hem:
Caesar's mannen eisen belasting van ons.
Hij zei tegen hen:
Geef Caesar wat van Caesar is,
geef God wat van God is
en geef mij wat het mijne is.

Dan is er nog iets opvallends: zowel bij Matteüs als bij Marcus, en ook bij Lucas, ontbreekt de laatste zin: 'en geef mij wat het mijne is'.
Hoogstwaarschijnlijk heeft die zin oorspronkelijk wel in deze evangeliën gestaan. Maar bij latere overschrijvingen dacht de afschrijver vermoedelijk: Hé, wat vreemd. Hier staat 'geef God wat van God is en geef mij wat het mijne is'. Maar Jezus is toch God. Dat moet een fout zijn. Schrappen dus.
Steeds duidelijker wordt dat de bijbelse geschriften aangepast zijn aan de gevormde theologie van latere eeuwen. Thomas geeft Jezus nog puur en sec weer.

De geheime leringen

Buiten de logia die parallellen hebben met de bijbelse evangeliën treffen we bij Thomas ook een groot aantal uitspraken van Jezus aan die ons volkomen nieuw in de oren klinken. Veel van deze uitspraken handelen over de eigen verantwoordelijkheid van de mens en de aansporing om tot kennis van het eigen zelf te komen:

Laat hij die zoekt niet ophouden met zoeken...

want

als jullie jezelf niet kennen dan zullen jullie in armoede zijn...;

deze kennis van het zelf ontsluit de kennis van het Al, van alles.

Jezus zei: Wie het Al denkt te kennen maar niet zichzelf, blijft volkomen in gebreke.

Jezus zei: Als jullie verwerven wat in jezelf is, zal wat je hebt je redden. Als je het niet in je hebt zal dat, wat je niet hebt, je doden.

Door jezelf te kennen wordt het mogelijk God, je diepste innerlijk, je geestvonk, te ontdekken. En dit sluit weer volkomen aan bij de scheppingsverhalen waar ik daarnet aan refereerde. Als de immanente God in verbinding komt met de transcendente God doordat de mens de Christus in het eigen hart ontsluit, bestaat er geen dualiteit meer. Het koninkrijk is dan in het hier en nu.

Jezus zei tot hen:
Als jullie de twee één maakt
en als jullie het innerlijk maakt als het uiterlijk
en het uiterlijk als het innerlijk
en het boven als het beneden,
en als jullie het mannelijke en vrouwelijke tot één maakt,
zodat het mannelijke niet mannelijk zal zijn
en het vrouwelijke (niet) vrouwelijk...
dan zullen jullie binnengaan in het Koninkrijk.

Het heeft bijna tweeduizend jaar geduurd voor een Zwitserse psychoanalyticus, Carl Gustav Jung, tot de ontdekking kwam dat in iedere mannelijke ziel een vrouwelijk element aanwezig is, de *anima*, en in iedere vrouwelijke ziel een mannelijk element, de *animus*; en dat deze dienen te integreren om tot een vollediger mens te worden.

Innerlijk weten en uiterlijke wetten

Het is opvallend dat in de logia die geen parallellen met de synoptische evangeliën hebben Jezus telkens het *innerlijke weten* boven de *uiterlijke* (joodse) *wetten* stelt. Vasten, het aalmoezen geven en de besnijdenis komen daardoor in een heel ander, uiterst verrassend perspectief te staan.

Zijn leerlingen vroegen hem en zeiden tot hem:
Wilt u dat wij vasten?
En hoe zullen wij bidden
(en) aalmoezen geven?
En welke voorschriften over het eten
moeten wij in acht nemen?
Jezus zei:
Lieg niet en doe niet wat je verfoeit,
want voor de hemel zijn alle dingen openbaar.
Want er is niets verborgen dat niet openbaar zal worden,
en er is niets bedekt dat niet zal worden onthuld.

Jezus zei tot hen:
Als jullie vasten, zullen jullie zonde voor jezelf voortbrengen;
en als jullie bidden, zullen jullie worden veroordeeld;
en als jullie aalmoezen geven zullen jullie je geest schaden.
En als jullie naar een land gaan en door de streken reizen,
en als men jullie (daar) ontvangt:
Eet dan wat zij jullie voorzetten en geneest de zieken onder hen.
Want wat jullie mond ingaat zal jullie niet onrein maken,
maar wat jullie mond uitgaat – dat zal jullie onrein maken.

Zij zeiden tegen hem:

Komt laat ons vandaag bidden en vasten.
Jezus zei:
Wat is dan de zonde die ik heb begaan of waarin ben ik overwonnen?

Zijn leerlingen zeiden tot hem:
Heeft besnijdenis nut of niet?
Hij zei tot hen:
Als die nut had zou hun Vader hen besneden uit hun moeder voortbrengen.
Maar de ware besnijdenis in de Geest, die heeft in elk opzicht nut.

Als de mens tot bewust-zijn komt is het innerlijke weten belangrijker geworden dan de uiterlijke wetten. In het handschrift D van het *Evangelie volgens Lucas* vinden we de opmerkelijke uitspraak van Jezus, als hij iemand ziet die op de sabbat aan het werk is:

Mens, als je weet wat je doet, dan ben je zalig. Als je het echter niet weet, ben je een overtreder van de wet.

Over dat innerlijke weten staat erg veel in de Nag Hammadi-geschriften. In het *Geheime boek van Jacobus* houdt Jezus Petrus, en ook zijn broer Jacobus, voor dat ziek-zijn zin heeft; wie daar niets mee doet zal niet echt 'beter' worden, hooguit tijdelijk herstellen.
In het *Gesprek met de Verlosser* heeft Jezus een intiem maar uiterst indringend gesprek met Matteüs, Thomas en Maria Magdalena. En hij houdt hun voor:

Als iemand niet in de duisternis staat,
zal hij niet in staat zijn het licht te zien.
Als iemand niet begrijpt hoe het vuur ontstond,
zal hij erin opbranden,
omdat hij de wortel ervan niet kent.
Als iemand niet eerst het water begrijpt,
zal hij niets kennen.
Wat betekent het dan voor hem

daaruit de doop te ontvangen?
Als iemand niet begrijpt
waar de wind die blaast vandaan komt,
zal hij erin meelopen.
Als iemand niet begrijpt
hoe het lichaam dat hij draagt is ontstaan,
zal hij erin omkomen.
En hoe wil iemand die de Zoon niet kent
de Vader kennen?
En voor hem die de wortel van alle dingen niet zal kennen,
zullen ze verborgen blijven.
Hij die de wortel van het slechte niet leert kennen,
is er ook geen vreemde voor.
Hij die niet begrijpt hoe hij kwam
zal ook niet begrijpen hoe hij zal gaan...

Jezus uitsluitend wijsheidsleraar?

Theologen zien, getuige hun uitingen in artikelen en krante-inter-
views, gnostiek bijna synoniem aan New Age. Of, iets genuan-
ceerder: in de New Age herleeft de gnosis. Dat is te hopen. Maar
het is slechts ten dele het geval. Men pakt eruit op wat men gebruiken kan. En in hun behoefte tot veralgemenisering en om het gevaar van gnosis te benadrukken zien de meeste theologen treffende
verschillen geheel over het hoofd. In sommige nieuwe-tijdsbewe-
gingen ziet men God niet als louter transcendent. Dat is vaak
kwetsend voor de kerken. Men ziet God als immanent. Dat wordt
dan gnostisch genoemd door de tegenstanders. Het grote gevaar is
echter dat God als louter immanentie ingeperkt wordt in het menselijk bewustzijn en zo kan worden tot een knus binnengodje dat
over de bol geaaid kan worden. Dit brengt de mens niet verder. De
gnosis rekent af met het eenzijdige kerkelijke godsbeeld; maar ook
met de zelfvoldaanheid van de knusse binnengod. De gnosis laat
God zien als (oer)kracht, als het pure Licht, als Geest; transcendent *en* immanent.

In de New Age ziet men Jezus niet als de theologische gestalte die de kerk ervan gemaakt heeft. Dat is winst. Men ziet Jezus te vaak echter uitsluitend als wijsheidsleraar. Dat is verlies. Jezus was zeker een wijsheidsleraar. Maar, en dat is vele malen belangrijker, ook enige jaren de drager van de Christus. De preëxistente Christus daalde in. Het Woord werd vlees. Wat preëxistent was werd existent. Door de transformatie in en door Jezus van Nazareth met als culminatiepunt de lichamelijke kruisiging kwam de Christus-geest in al haar kracht en schittering vrij. Christus werd aanroepbaar in de harten van de mensen. Dat aspect zien we te weinig terug in het zogenaamde nieuwe-tijdsdenken.

Gemeenschap

In de eerste eeuwen vormden mensen met dit begrip een *ekklesia*. Ekklesia betekent 'gemeenschap' maar wordt ten onrechte bijna altijd vertaald met 'kerk'. Jezus wilde geen kerk als instituut; wel gemeenschappen van gelijkgestemden die bijeenkwamen om de Christus in het eigen hart te ontdekken. Opvallend is het dat in deze ekklesia niet Jezus centraal stond, maar de Christus. Dat zien we ook nog bij Paulus, die zegt dat het om de 'Christus in mij' gaat. Dat is het essentiële. Jezus van Nazareth is niet alleen die weg gegaan, hij heeft de mens de weg gewezen om ook dat pad in te slaan. Daarvoor werden in de vroegchristelijke ekklesia leringen van Jezus, zoals die in het *Evangelie van Thomas*, voorgelezen. Waarschijnlijk in een mantrisch ritme om het bewustzijn te openen. Daarna volgde de 'profetie': mannen, maar vooral vrouwen, die de Christus (gelijk Paulus) in de geest ontmoetten. Dat was een waarachtig feest dat afgesloten werd met een gemeenschappelijke vredeskus en een heilige maaltijd, de *agapè*.

Door onbegrip is veel van de werkelijke essentie van het christendom verloren gegaan. Men heeft er hokjes, kaders omheen

27

geplaatst. Er kwam een leergezag en er ontstond een theologie. In mijn boek *De verloren erfenis* heb ik deze soms uiterst schokkende ontwikkeling mogen schetsen.

Nag Hammadi geeft ons een indringende blik in de spiritualiteit, in de innerlijke ervaring van mensen van bijna tweeduizend jaar terug. Dat kan niet zonder gevolgen blijven voor de mens van vandaag.

Na Nag Hammadi zal het nooit meer hetzelfde zijn als voorheen.

Vragen

Vraag: *Bevat Nag Hammadi ook de advaita-filosofie?*

Marcel Messing: In diepste wezen komen de leringen van Jezus zoals die in de Nag Hammadi-geschriften voorkomen, overeen met de leer van advaita (non-dualiteit). Zoals Jacob voorlas uit logion 22 – niet voor niets 2 x 2 – is de essentie van deze lering dat iedere tweeheid moet worden overstegen. Ik kan er in mijn lezing even op terugkomen. Maar ik kan niet anders zien dan dat de essentie van iedere religie, zonder één uitzondering, advaita is. Alleen, het heeft in andere religies andere vormen gekregen, andere uitdrukkingen. Maar nogmaals, in feite is dat wat Jacob Slavenburg uit logion 22 net heeft voorgelezen in diepste wezen in overeenstemming met de oosterse wijsheid van het hindoeïsme: de non-dualiteit, door Jezus vaak uitgedrukt als de vader en moeder die zichzelf verliezen in de stilte van rust en beweging.

Vraag: *Nu zat ik gisterenavond in Job te lezen. Zou Job God gezien hebben?*

Jacob Slavenburg: Welke God?

De onzichtbare zonder Naam, Hij die is.

Jacob Slavenburg: Er is in de bijbelse literatuur, maar ook in de mystieke literatuur door de eeuwen heen, veel geschreven over mensen die God ontmoeten. Ik ben er altijd zeer voorzichtig mee omdat je je moet afvragen: Wat is het? Is het een beeld vanuit die mens zelf en welke laag spreekt men aan? Uit de Nag Hammadi-geschriften, waar ik me met het oog op deze dag toe wil beperken, zien we heel duidelijk, onder andere in het prachtige *Geheime Boek van Jacobus* – waar Petrus en Jacobus samen een onderhoud hebben met Jezus – dat Jezus hen verlaat en dan hebben ze een mystieke opstijging tot God. Maar verder Gods troonwagen, zoals we dat ook uit het oude beeld van Ezechiël zien, komen ze niet.

Marcel Messing: Ik denk dat God zien gelijkstaat met innerlijk sterven aan iedere waan, aan iedere illusie. Dat betekent dat iemand die zegt: 'Ik heb God gezien', in feite de dualiteit in stand houdt: God en jezelf; en daarom is de zegswijze vaak: wie God ziet moet sterven. En waaraan sterven? Aan alles wat belemmerend is in 'de wolk van niet weten'. En dan kan het heel goed zijn dat Job of wie dan ook God heeft gezien omdat diegene die ziet, het zien en het geziene samenvallen.

Vraag: *Ik zou graag willen weten wat, afgezien van de taal, het verschil is tussen de vertaling van de Unesco in de Nag Hammadi Library en die van u.*

Jacob Slavenburg: Het is niet alleen mijn vertaling, maar ik heb het samen mogen doen met Willem Glaudemans, die hier aanwezig is. Het verschil is dat in de *Nag Hammadi Library* diverse wetenschappers telkens een deel of één of meerdere teksten voor hun rekening hebben genomen, met een zeer korte inleiding en verder dus geen toelichting.
Op zich een heel mooi boek. Voordat de Nag Hammadi-geschriften in andere talen werden vertaald was het in feite de enige bron, althans voor leken en voor diegenen die geen Koptisch lazen. Ik vind die vertaling soms heel mooi maar soms schiet ze ook duidelijk tekort. Bijvoorbeeld in één van de *Openbaringen van Jacobus*, waarin sprake is van een zeer ingewikkeld raamwerk. Eerst komt een priester aan het woord, dan komt Jacobus aan het woord, Jacobus heeft weer een hymne waarin Jezus aan het woord komt. Als je dat niet duidelijk van tevoren toelicht en niet indeelt met tussenkopjes, is het voor een leek volslagen on-

leesbaar. En niet alleen voor een leek, maar ik heb begrepen dat er ook vele geleerden zijn geweest die er moeite mee hebben gehad. Dus dat is eigenlijk een groot verschil. Daarom zijn wij in onze vertaling uitgegaan van alle beschikbare vertalingen, plus dat we op momenten die niet meer spoorden, waar wij de teksten niet meer begrepen, de koptisante erbij hebben gehaald, die het materiaal vanuit het Koptisch naar het Nederlands heeft vertaald. Dat hebben we weer overwogen en zo zijn we dus op die plaatsen tot een zo evenwichtig mogelijk oordeel gekomen. Maar ik moet er direct bij zeggen dat toen de *Nag Hammadi Library* in de derde druk uitkwam bij Brill in Leiden, er op de cover stond: *the definitive new translation*. Nou daar hebben veel mensen om moeten lachen, want dé definitieve vertaling bestaat nooit. Ook deze vertaling zal over een aantal jaren verouderd zijn omdat de inzichten over de gnosis nog steeds groeiende zijn.

Hein Stufkens:
De herwaardering van een ander weten
– over de actualiteit van de oude gnosis

Twee broers bevinden zich op een schip. Ze hebben een totaal verschillende aanleg en manier van naar de dingen kijken. De één is geweldig analytisch begaafd. Bovendien heeft hij een grote kennis van kaarten, stromingen en meteorologie, en weet hij met de apparatuur om te gaan. En hij kan zijn kennis helder onder woorden brengen. De andere broer beschikt over al die gaven niet. Maar hij heeft wél het vermogen om de totale situatie in één keer te overzien, want hij beschikt als het ware over een draadloze verbinding met een onuitputtelijke databank die heden, verleden en toekomst omvat, en zelfs ook datgene wat zich buiten tijd en ruimte bevindt. De beperkte gegevens die de eerste voor de enige waarheid houdt, zijn voor de tweede slechts één facet van het geheel. Maar de tweede kan zijn kennis niet goed onder woorden brengen. Hij drukt zich uit in symbolen, tekens, gebaren. En die irriteren de eerste broer, want hij verstaat ze niet. Dan wordt het zwaar weer. De ene broer vertrouwt nu volledig op zijn feitenkennis en technologie en gaat aan het navigeren. De andere stamelt onsamenhangende aanwijzingen en moet machteloos toezien. Omdat ze niet naar elkaar luisteren stevenen ze samen op een ramp af.

Met dit beeld, ontleend aan *De Aquariussamenzwering* van M. Ferguson, lijkt mij de situatie waarin we ons bevinden goed geschetst. De analytisch begaafde broer, die zich volgens hersenspecialisten bevindt in de linker hersenhelft, heeft alle macht. En hij neemt de stamelende ziener, die in onze rechter hersenhelft thuis is, allang niet meer serieus.

Ik geef u een recent voorbeeld uit mijn eigen omgeving.

Een man zag in een droom zijn kort tevoren overleden broer en hoorde hem zeggen: 'Ik kom je halen.' Toen hij wakker werd vertelde hij die droom aan zijn vrouw, en beiden concludeerden dat de droom niets te betekenen had, behalve misschien dat hij de dood van zijn broer nog niet verwerkt had. Maar vier weken later overleed hij wél aan een ziekte, waarvan hij ongemerkt de symptomen al langer in zich moet hebben gedragen. Ik neem aan dat velen van u soortgelijke verhalen kennen: van wonderlijke dromen, betekenisvolle schijnbaar toevallige gebeurtenissen, buitenzintuiglijke gewaarwordingen enzovoorts. Toch blijven we halsstarrig alle macht geven aan de linker hersenhelft en wijzen we informatie die uit ons intuïtieve weten komt maar al te vaak als irrationeel van de hand, als we haar al opmerken. Dat is niet alleen dom en gevaarlijk, maar daarmee plaatsen we onszelf ook met een zekere arrogantie buiten de oudste traditie van het menselijk kennen.

Gnosis: het urgentste project van onze tijd

Ik ga u vandaag niet vertellen dat vroeger alles beter was. In een aantal opzichten heeft de mensheid in de loop van haar relatief nog maar korte bestaan grote vorderingen gemaakt, en de wetenschap van de laatste eeuwen heeft daar veel aan bijgedragen. Velen van ons zouden hier bijvoorbeeld vandaag zonder die wetenschap waarschijnlijk allang niet meer zitten, en gestorven zijn in hun kinderjaren of aan ziekten of kwalen die hen op latere leeftijd troffen. Maar juist dat gegeven kan ons blind maken voor wat we onderweg zijn kwijtgeraakt.

Het belangrijkste dat we, naarmate we meer gingen vertrouwen op empirisch en rationeel kennen, hebben verloren, is de rechtstreekse verbinding met ons innerlijk weten, ons intuïtief kenvermogen. Juist de intuïtieve kennis is de oudste wetenschap van de mensheid: de gnosis. En het onbegrip tussen de twee broers op het schip is het onbegrip tussen het moderne wetenschappelijk-rationele kennen en de gnosis als de aloude kennis van het hart.

Professor Dessaur schreef een boek onder de paradoxale titel *De droom der rede.* Die titel geeft aan dat we met ons geloof in de rede als het ware de gevangene zijn geworden van een nieuwe irrationaliteit, een nieuwe droom: die van de almacht van de linker hersenhelft. In dat boek stelt zij dat het denken van de mensheid in grote lijnen steeds naïever en beperkter is geworden. Ik citeer:

'Vergeleken bij de oude Indische leringen zijn die van Plato en Aristoteles al beperkt en versimpeld. Maar deze op hun beurt zijn van een oneindige subtiliteit vergeleken bij de simplistische deelwaarheden waar de meeste latere filosofen mee opereren.'

Het is in dit verband opmerkelijk dat tot en met Plato (die doorwerkt in de gnosis van de eerste eeuwen en van de Renaissance) het innerlijk schouwen de eerste plaats inneemt als methode om kennis te verwerven. Alleen de kennis die op déze wijze is verkregen kan ons volgens Plato iets leren over de essentie, het wezen, de ziel der dingen. In de christelijke gnosis en mystiek vinden we die traditie van het innerlijk schouwen bewaard. De moderne wetenschap heeft haar echter als onbetrouwbaar verworpen. En de restanten ervan tolereren we hooguit bij verliefden, dichters en andere kunstenaars.

De Amerikaanse historicus T. Roszak heeft de herleving van de oude gnosis 'het urgentste project van onze tijd' genoemd, en ik ben het daar hartgrondig mee eens. Het verhaal dat ik u vandaag vertel is als het ware een uitwerking van die gedachte. De alleenheerschappij van de analytische stuurman blijkt, zowel in het leven van het individu als in maatschappij en kerk, tot een catastrofe te leiden. En de vraag is of we alsnog opnieuw willen leren te luisteren naar wat die andere broer ons te zeggen heeft, die broer die we de voorbije eeuwen als een niet al te serieus te nemen halfgare sukkel zijn gaan beschouwen. Ik sta hier vandaag dan ook niet om u te bekeren tot enig geloof, ook niet tot een geloof in zoiets als de gnosis. Ik sta hier slechts vol oprechte zorg over het feit dat de signalen van de intuïtieve broeder nog steeds massaal worden genegeerd.

De gevolgen daarvan uiten zich op drie gebieden:

– in de eerste plaats in het persoonlijk leven van mensen die lijden aan een gevoel van zinloosheid en aan een ziekmakend gebrek aan contact met hun eigen wezen;

– in de tweede plaats in een samenleving die ziel en richting mist, en slechts lijkt te worden voortgestuwd door de blinde macht van technologische en economische ontwikkelingen en door de nooit eindigende vraag naar de bevrediging van steeds weer nieuwe behoeften;

– in de derde plaats in de crisis van de kerk die, als eerstaangewezene om in de ontzielde samenleving een bezielend geluid te laten horen deze rol zelden naar behoren blijkt te kunnen vervullen.

Zou het luisteren naar de miskende broer, naar dat andere, dat oude intuïtief-gnostische weten, ons door de crisis heen kunnen helpen? En wat zou dat dan betekenen – voor ieder van ons persoonlijk, voor de samenleving, voor kerk en religie?

Dat zijn de vragen die ik vandaag met u zou willen overdenken.

Luisteren naar het onbewuste

Laten we maar dichtbij beginnen: bij de vraag wat de intuïtieve broeder in ons persoonlijk leven betekent en zou kúnnen betekenen. En misschien mag ik mezelf dan eens als voorbeeld nemen. Niet omdat ik het ideale voorbeeld ben van iemand in wiens leven aan de miskende broeder volledig wordt recht gedaan. Hij moet in mij nog dagelijks zijn plek bevechten. Maar misschien dat juist daarin voor velen toch een mogelijkheid tot herkenning ligt.

Ik kom uit een milieu waarin twee waarden centraal stonden: een zo groot mogelijke rationeel-intellectuele ontwikkeling, en het voldoen aan de hoogste morele normen. Van die normen was het doen van je plicht de belangrijkste. De kerk functioneerde in mijn opvoeding niet zozeer als bron van spiritualiteit of religieus bewustzijn, maar eerder als bron van normativiteit. Er was geen plaats voor datgene wat niet rationeel was en voorzover zich toch zoiets voordeed, bijvoorbeeld irrationele angst, moest je gewoon je verstand gebruiken. Lichamelijke gewaarwordingen zoals lust- of onlustgevoelens moesten worden veronachtzaamd. Ik herinner mij bijvoorbeeld niet dat ik mijn vader ooit heb horen zeggen dat hij moe was. Seksualiteit was taboe, behalve in het huwelijk, en daar was het verplicht, althans voorzover het de voortplanting diende. En dat huwelijk moest worden uitgesteld tot na het behalen van een academische graad.

Elk gevoel dat een juiste plichtsuitoefening op welk gebied dan ook in de weg stond, moest worden onderdrukt met behulp van de wil. Het ontwikkelen van een sterke wil was dan ook een centraal oogmerk van de opvoeding.

Overbodig te zeggen dat veel gevoelsleven op die manier naar het onbewuste verdween en daar in de diepte een duistere en angstaanjagende macht vormde. Maar dat onbewuste viel in de praktijk buiten het gezichtsveld: dromen zijn bedrog en dagdromen is nutteloze tijdverspilling. Als ik in mijn puberteit gedichten schreef voelde ik me schuldig, en ik waakte ervoor dat niemand mij op die ondermijnende activiteit zou betrappen.

Zo raakt een mens gaandeweg vervreemd van zichzelf, zijn eigen gevoel, zijn eigen lichaam, zijn eigen ziel, zijn eigen creativiteit. U zult begrijpen dat diverse ervaren therapeuten nogal wat werk aan mij hebben gehad... Ook van de liefde en de erotiek heb ik in mijn leven de helende werking mogen ervaren, en ik wil ter zijde graag opmerken dat ik daardoor tot het inzicht ben gekomen dat de veronachtzaamde broeder eigenlijk een zuster is.

Maar het grootste werk is geloof ik gedaan doordat ik de weg van de meditatie, in mijn geval de zen-meditatie, leerde kennen. Daar voltrok en voltrekt het werk zich in de stilte – in de stilte van het zo mogelijk zonder oordeel luisteren naar wat is: in het eigen lichaam, in de eigen ziel, in de zachte bries van de adem die komt en gaat. En zo, gaandeweg, levert de rationele broeder steeds meer macht in.

Het zou goed zijn als u ook de gelegenheid zou hebben te schetsen hoe de verhouding tussen de beide broers zich in uw leven heeft ontwikkeld. Het is van levensbelang dat ieder van ons zich zulke vragen stelt: hoe luister ík eigenlijk naar mijn lichaam, mijn gevoelens, mijn intuïtie, de stem van mijn wezen? Hoeveel tijd en aandacht geef ik daaraan? Of prefereer ik wellicht om te blijven varen op de schijnbare zekerheden van de vertrouwde stuurman? En hoe ga ik dan om met gebeurtenissen als ziekte, scheiding of dood, of met andere zaken die het verstand te boven gaan en die mij confronteren met de vraag wie ik ben en wat mijn eigenlijke bestemming is?
Want ondanks alles wat deze samenleving ons wil doen geloven zijn wij mensen niet enkel producerende en consumerende wezens, die hun grootste vervulling vinden in het hebben van geld, macht, sex, roem, comfort en vakantie. Van de miskende broeder, wiens stem doorklinkt in dromen en visioenen en in de grote religieuze tradities van de mensheid, kunnen we leren dat onze wezenlijke bestemming van een heel andere aard is, namelijk: God te zijn. En als we dat te hoog gegrepen vinden, dan zal hij ons beelden aanreiken van mensen – een Christus, een Boeddha, of mindere goden zoals de vele helden uit de mythologie, de heiligen, de bodhisattva's. Misschien zal hij ons zelfs de ogen openen voor een nu levende verlichte. Op hen kunnen we ons dan oriënteren, en in hen kunnen we onze eigen mogelijkheid om het goddelijke te realiseren weerspiegeld zien. Of hij zal ons vragen te luisteren naar dromen waarin ons diepste zelf zichtbaar wordt. Ik wil u daar graag ter illustratie twee voorbeelden van geven.
Een vrouw die in haar dromen regelmatig gekweld werd door een donkere of gevlekte hond, vertelde me onlangs dat ze nu in een droom die hond had zien veranderen in een stralend wit dier op een troon. Verblind en ontroerd had ze zich in haar droom van dat beeld afgewend. Maar nu weet ze dat dit een Ta-

bor-ervaring was: dat ze een glimp heeft mogen opvangen van het lichtwezen dat haar diepste zelf is. En een andere vrouw vertelde me hoe ze, na een moeizaam proces van jaren, gedroomd had dat ze een gouden bal baarde, en die gouden bal ophief om hem aan de wereld te tonen. En hoe ze in zichzelf het archetype herkende van de moeder die een godenkind baart.

Misschien vindt u tot hier toe het luisteren naar de miskende broeder wel een aangename bezigheid. Wie wil er tenslotte niet verlicht worden? Maar helaas, dit was nog niet het hele verhaal. Want onze broer zegt ook dat die verlichting niet verkrijgbaar is zonder verduistering, zonder dat wat de mystici 'de donkere nacht van de ziel' noemen.

Luisteren naar het onbewuste, dat betekent ook: het aangaan van een huiveringwekkend avontuur, waarin we niet alleen geconfronteerd worden met de aantrekkelijke en boeiende kant van het goddelijk mysterie, maar ook met de afschrikwekkende kant ervan. En het vraagt de bereidheid om onder ogen te zien dat ook het absolute kwaad in ons aanwezig is, de bereidheid om in de afgrond van onszelf af te dalen en er oog in oog te staan met de beul, de moordenaar, de verkrachter. Ik geloof dat ikzelf op mijn weg het meeste geleerd heb van de momenten waarop ik durfde zien dat de praktijk van mijn handelen niet overeen kwam met de prachtige beelden die ik van mezelf had: momenten waarop ik mensen in de steek liet of gebruikte, momenten waarop ik het vermogen te haten of zelfs te doden in mijzelf moest onderkennen. En wie van ons houdt niet het liefste heimelijk de gedachte in stand dat hij of zij zulke vermogens niet heeft?

'Ik ben de heilige en de hoer', staat in één van de in Nag Hammadi gevonden gnostische geschriften te lezen. Wie dat inziet kan eindelijk ophouden stenen of bommen naar anderen te gooien. Alleen langs de weg van oprechte zelfkennis en zelfacceptatie kunnen we uiteindelijk misschien mild en liefdevol worden en onze goddelijke heelheid leren ervaren.

Een bezield verband

Niet alleen in ons persoonlijk leven, maar ook in ons gemeenschappelijk leven, de maatschappij, is de verbinding verloren gegaan met de niet-rationele laag van de psyche – de verbinding met het onbewuste leven van de ziel. En wie die verbinding opnieuw zoekt wordt daarbij dan ook niet gesteund door de gevestigde maatschappelijke structuren of de heersende cultuur. Ik hoef ter illustratie maar te wijzen op het gehalte van de discussies van onze politici, het geestelijk klimaat in veel bedrijven en instellingen of de inhoud van de televisieprogramma's die de hoogste kijkcijfers halen.

De eerste stap in de richting van bewustwording wordt dan ook dikwijls gekenmerkt door een groot gevoel van eenzaamheid. 'Ik sta alleen, geen God of maatschappij/ die mijn bestaan betrekt in een bezield verband...', schreef de dichter Marsman. En inderdaad, onze maatschappij is wel een verband, maar een verband waar de ziel stelselmatig aan ontnomen is. Religie is een privé-zaak geworden. En onze maatschappelijke waarde wordt niet bepaald door wie we zijn maar door hoe functioneel we zijn binnen een op nut gerichte samenleving.

Ik weet uit ervaring – en velen van u misschien ook wel – dat wie in zo'n samenleving in een zingevingscrisis geraakt en zichzelf en anderen de vraag gaat stellen of 'dit alles is wat er is', een vreemdeling wordt in eigen huis en aan de rand komt te staan van de verbanden waar hij of zij deel van uitmaakt: de werkomgeving, familie- of vriendenkring, kerkelijke organisaties. Dat is niet verbazingwekkend. Immers, wie in een ontzielde samenleving over de ziel spreekt verstoort de orde, ook al is dat dan de orde van de dood. Wie weer durft te dromen van een ander leven, een bezield leven, wordt tot dissident of liever nog patiënt verklaard. Want zulke dromen staan haaks op een samenleving waarvan William Blake al zei: 'De visioenen van de eeuwigheid zijn door vernauwde waarneming tot zwakke visioenen van tijd en ruimte geworden, bevroren in de voren van de dood.'

Natuurlijk – ook onze samenleving heeft visioenen. Hoewel zij alles heeft ontheiligd, heeft ze tegelijk een heilig geloof in haar eigen dromen: de droom van de wetenschap, de droom van de technologie en de droom van de vooruitgang. Maar als we willen voorkomen dat deze dromen in nachtmerries veranderen, dan zullen we ons moeten laten inspireren door de grote oude gnostische visioenen waar deze dromen een aftreksel van zijn. Ik wil graag voor alle drie die dromen kort aangeven wat dat zou kunnen betekenen.

Om te beginnen de wetenschap. Sinds de zeventiende eeuw is onze wetenschap zichzelf meer en meer gaan zien als een emancipatiebeweging. Haar motor was het geloof dat de mens bevrijd moest worden uit het bijgeloof en uit de niet bewijsbare mythen omtrent de werkelijkheid waar de godsdienst de mensen in gevangen hield. In naam van de rede werd de strijd aangebonden met de religie. En zodoende heeft de wetenschap het kind met het badwater weggegooid. Door zich te richten op de kennis van de zintuiglijk waarneembare wereld heeft zij de wereld versmald tot een uiterlijke wereld en het mysterie der dingen ontoegankelijk gemaakt.

'Mysterie' is voor de wetenschap hooguit datgene wat nóg niet wetenschappelijk verklaarbaar is. En de nadruk ligt daarbij op het woordje nóg. Want het is de droom van de wetenschap om uiteindelijk alles rationeel te kunnen verklaren en begrijpen. Als we echter opnieuw gaan luisteren naar de oude gnostisch-intuïtieve traditie, dan kunnen we daar leren dat 'mysterie' heel iets anders is. 'Mysterie' is de verborgen binnenkant van de dingen, en die kan niet ontsluierd worden door een wetenschap die zich slechts op de buitenkant richt.

Het verbaasde mij dan ook niet dat een fysicus van het Europees Centrum voor Kernonderzoek te Génève in een interview tegen mij zei dat hij in zijn experimenten met de deeltjesversneller – een van de meest geavanceerde instrumenten die onze wetenschap tot op heden heeft voortgebracht – geen aanwijzingen had gevonden voor het bestaan van een God. De binnenkant geeft zich niet prijs in een laboratorium. Ze geeft zich alleen prijs aan wie bereid is om de lange weg van de inwijding te gaan en zo de innerlijke zintuigen leert openen. Het instrumentarium daarbij is nederigheid, eerbied, stilte, meditatie. En een onontbeerlijk inzicht om tot het mysterie te kunnen naderen is zelfkennis, want zelfkennis is de bron van alle kennis. 'Wie zichzelf kent, kent het Al...'

Als de gnosis het meest urgente project van onze tijd is, dan zullen we ons moeten inspannen voor een wetenschap waarin de integrale kennis van binnen- en buitenwereld wordt nagestreefd; voor een onderwijs en een opvoedingspraktijk waarin, aansluitend bij de wijsheid van het kind, de lange weg van de inwijding wordt gegaan. Binnen, maar vooral buiten de gevestigde wetenschappelijke en onderwijsinstellingen hebben zich de laatste dertig jaar in dit opzicht veel hoopgevende ontwikkelingen voorgedaan. Wetenschapsmensen ontdekken de beperktheid van hun instrumentarium en stuiten op gegevens die het wetenschappelijk wereldbeeld ter discussie stellen. En er zijn veel plaatsen ontstaan waar volwassenen samenscholen om de innerlijke waarneming opnieuw te oefenen.

Maar in het reguliere onderwijs worden onze kinderen nog dagelijks geconfronteerd met een systeem dat, liefst in hapklare brokken, een gefragmenteerde kennis van de buitenkant der dingen als het hoogste goed aanbiedt: stenen voor brood.

De tweede droom waarin onze samenleving gevangen zit is die van de technologie: de droom dat vroeg of laat alles beheersbaar wordt en dat de mens zich ooit een absolute macht over de stof zal verwerven. Wij willen maken en beheersen. En de grootste frustraties van de technologie liggen op de gebieden die zij nog niet kan beheersen (let weer op het woord 'nóg'). Het scheppen van creatieve intelligentie bijvoorbeeld, of het overwinnen van de lichamelijke dood. En de geweldige investeringen die vroegere samenlevingen deden in de bouw van heiligdommen als piramides en kathedralen, die doen wij dan ook in de computer-industrie en in de medische technologie.

Maar onze tovenaars leiden ons zienderogen meer naar de afgrond. We ontgoddelijken en vernietigen de schepping, en we verliezen onszelf en onze eigen integriteit als deel van de schepping. En juist daarin zouden we opnieuw kunnen en moeten leren van het oude weten, van magiërs en sjamanen, van gnostici en mystici. Want zij wisten dat deze hele kosmos, van de verste ster tot de meest nabije cel in ons eigen lichaam, de woonplaats van het goddelijke mysterie is. En dat onze omgang met de schepping niet het karakter mag hebben van een gevecht tegen de natuur, maar juist gebaseerd moet zijn op respect en eerbied, op een diepe verbondenheid met al wat leeft.

Er is een prachtige anekdote over een jongetje dat in de biologieles een opgezette vlinder krijgt te zien. De onderwijzer vraagt hem: 'Wat is dit?' En het jongetje antwoordt: 'Dit is moord.' Zonder blikken of blozen vernietigen wij vele hectaren tropisch regenwoud per minuut. En dichterbij: ik woon aan de rand van een park waar ik dagelijks het algemeen vandalisme tegenover de natuur moet waarnemen dat voortkomt uit een totaal gebrek aan bewustzijn. Hoe ver zijn wij verwijderd geraakt van de Indiaan die, zelfs als hij maar één tak van een boom wil afhakken, eerst deemoedig toestemming vraagt aan de geest van die boom?

Als de gnosis het meest urgente project van onze tijd is, laten we ons dan volledig heroriënteren in onze omgang met de natuur. Laten we dan zelfs op onze hoede zijn voor de eco-technocraten die 'het milieu' hebben uitgevonden en daar een nieuw voorwerp van beheersing van willen maken, zodat onze op groei gerichte samenleving niet fundamenteel hoeft te veranderen. En laten we dan pleiten voor een ecologie met een spirituele dimensie, een ecologie met oog voor het mysterie, die in het Engels zo mooi 'deep ecology' wordt genoemd. Ik ben meer verheugd over de hoge ambtenaar voor milieuzaken die mij in een gesprek toevertrouwde dat we opnieuw moeten leren zien dat elke rivier, elk bos, elke berg bezield is, dan over de goedbedoelende bestuurders die overal langs de wegen geluidsschermen plaatsen zodat onze auto's ongestoord voort kunnen razen.

En dan is er nog ons geloof in de vooruitgang. We zien de geschiedenis als een lijn die langzaam maar zeker omhooggaat, en waarlangs de mensheid opklimt naar steeds meer kennis, macht en welvaart. We zijn gefascineerd door de toekomst, door wat nog kan wórden. Maar met al onze fascinatie door het 'worden' zijn we het contact met het 'zijn' kwijtgeraakt. En zelfs het nu weer modieuze geloof in zoiets als reïncarnatie is voor velen in dat opzicht een nieuwe valkuil. Voor je het weet lever je het 'nu' in voor het 'straks', het 'zijn' voor het 'worden'.

Elke rechtgeaarde gnosticus of mysticus van vroeger of nu zou je in één klap uit de droom kunnen helpen en je kunnen zeggen dat er slechts één realiteit is, namelijk die van dit éne unieke moment. De rest is denken, is illusie.

Als we niet opnieuw de kunst van het 'zijn' leren verstaan, dan valt te vrezen dat het met ons ook nooit iets zal 'worden' – noch met ons individueel, noch met ons als samenleving of als cultuur. We zullen steeds meer verstrikt raken in de 'beperkte visioenen van tijd en ruimte', en de eeuwigheid verliezen die in het 'nu' verborgen ligt.

Een nieuw religieus besef

Ik heb beloofd om ten slotte nog een derde vraag aan de orde te stellen. Nadat we hebben gezien wat het luisteren naar de intuïtieve broeder voor ons persoonlijk en voor onze samenleving zou betekenen, zullen we nu nog spreken over wat het betekent voor ons religieus besef en onze godsdienstige instellingen. Omdat ik me moet beperken vul ik voor religieus besef dan godsbeeld in, en voor godsdienstige instellingen de kerk.

Als we de rationele broer zouden vragen naar wat God voor hem betekent, dan zou hij waarschijnlijk antwoorden: 'God is dood.' En ik vind dat hij overtuigende argumenten heeft. Met zijn instrumenten heeft hij nergens een God gevonden. De logica verbiedt hem bovendien in een God te geloven die oneindig goed en liefdevol is en tegelijk de schepper van natuurrampen en dodelijke virussen; of in een God die de mens schept met allerlei natuurlijke neigingen, zoals de seksualiteit, en die dan het volgen van die neigingen tot doodzonde verklaart en de mens die eraan toegeeft voor eeuwig straft. Ook deel ik zijn scepsis ten aanzien van een God die zich voor eens en voor altijd zou hebben geopenbaard binnen één bepaalde culturele en historische context (de joods-christelijke), zeker als hij ook nog zou moeten geloven dat dit de enig ware en betrouwbare godsopenbaring zou zijn in de 10 miljard jaar waarop de levenstijd van deze planeet aarde wordt geschat. Ondanks twintig eeuwen theologische spitsvondigheid kunnen we tegen dat alles weinig inbrengen. Het enige wat we wel zouden kunnen inbrengen is dat hij blijkbaar geen verschil maakt tussen God en een godsbeeld.

Waar mensen – ook christenen – een bepaald godsbeeld tot God uitroepen, daar creëren ze in feite een afgod. Er vindt dan verstarring plaats, er is geen ruimte meer voor psychische groei en er kan zelfs een terugval plaatsvinden naar kinderlijke stadia van bewustzijn bij mensen die in andere opzichten toch als redelijk volwassen in het leven staan.

Joseph Campbell zei het eens zo: 'De eerste stap naar mystiek bewustzijn is het achter je laten van een vastomlijnd godsbeeld en je openen voor de ervaring waarin dat godsbeeld wordt overstegen. Want elke god die niet getranscendeerd kan worden is een afgod, en die god aanbidden is afgoderij.'
Om opnieuw tot religieus besef te komen moet de mens dus te rade gaan bij zijn eigen ervaring en zich openen voor datgene wat ligt voorbij alle verstarde voorstellingen of gedachten, met andere woorden: hij moet te rade gaan bij de intuïtieve broeder.

Iemand die dat in onze eeuw als geen ander gedaan heeft is de in 1961 overleden psychiater C.G. Jung, die ik op het gebied van religie als een grote gids beschouw, niet alleen voor mijzelf, maar ook voor onze tijd. Ondanks alle conditioneringen die hij als kind van een domineesfamilie had meegekregen, heeft hij de moed gevonden om serieus te nemen wat hij in zichzelf beluisterde. Hij werd overweldigd door de beelden en boodschappen die zich uit het onbewuste aandienden, en is meer en meer de zorgvuldige studie van dat onbewuste als een religieuze bezigheid bij uitstek gaan zien. De beelden die zich aandienden, ook al waren ze nog zo strijdig met het traditionele godsbeeld, beschouwde hij als manifestaties van God; vooral het archetype van het Zelf, dat hij het beeld Gods in de menselijke ziel noemde. Zo kwam hij tot het inzicht dat God niet alleen goed is, maar ook een schaduwkant heeft; dat God niet alleen mannelijk is, maar ook vrouwelijk. En dat de weg van de individuatie of zelf-wording in wezen een weg is tot het realiseren van het goddelijke in ons. Hij kwam ook tot het inzicht dat het hierbij gaat om een doorgaand proces van goddelijke openbaring in de geschiedenis van de mens en het menselijk bewustzijn.

Jung herkende deze inzichten ook in de gnosis, de alchemie en de mystiek. En door zijn nauwgezette wetenschappelijke aanpak bouwde hij een brug tussen wetenschap en religie.

Dat de kerk hem intussen wantrouwt mag geen verwondering wekken. Want de kerk heeft al in de eerste eeuwen drie dijken opgeworpen tegen zulke gnostische godskennis en houdt zich tot op de dag van vandaag daaraan vast. Die drie dijken zijn: de geloofsbelijdenis, waarin voor eens en voor altijd is vastgelegd wat iedereen moet geloven, de canon, die voor eens en voor altijd exclusief vaststelt welke boeken door inspiratie van de Heilige Geest tot stand zijn gekomen, en het leergezag, dat zich het recht voorbehoudt om te bepalen wat wél en niet waar is inzake religie, en dit onder bedreiging van tijdelijke en zelfs eeuwige straffen mag opleggen. Dat betekende het einde van de dialoog met de gnosis en het zette de toon voor een langdurige geschiedenis van kerkelijke machtspolitiek, verkettering en wrede onderdrukking.

Toch heeft de kerk ook een schat bewaard en mensen voortgebracht die ondanks alles de schijn van het wezen konden onderscheiden en het mysterie in veel toonaarden bezongen en beleefden. En hoewel ze tijdens hun leven onvermijdelijk in botsing kwamen met de kerkelijke overheden, hebben deze toch na hun dood soms ingezien dat ze alsnog iets hadden goed te maken en zulke mensen heilig verklaard: ik denk aan religieuze genieën als Teresa van Avila, Johannes van het Kruis, of Franciscus van Assisi.

Nu de kerk in het Westen zo geweldig terrein aan het verliezen is staat ze, dunkt mij, voor een definitieve keus. Haar politiek van de laatste eeuwen, om meer en meer toe te geven aan de rationele broeder, keert zich langzamerhand tegen haarzelf. Toen ik onlangs in Frankrijk was werden daar juist de resultaten gepubliceerd van een peiling naar de kerkelijkheid in dat land. Dat die voor de kerk zeer teleurstellend waren is op zich in het huidige geestelijke klimaat in het Westen geen nieuws. Maar mijn aandacht werd getrokken door een commentaar in het dagblad *Le Figaro*, dat ik van harte onderschrijf. Het luidde aldus: 'Het is niet verwonderlijk dat het christelijk geloof ten onder gaat wanneer men niet meer spreekt van de mysteries die daaraan ten grondslag liggen; en het is vanzelfsprekend dat het rationeel soort geloof waarmee de kerk ons tegemoet wil komen ons tot steeds grotere rationalisten maakt.'

Als ik de kerk vandaag oproep tot hervatting van de dialoog met de gnosis, dan is dat ook niet om haar ondergang te bewerkstelligen, maar omdat naar mijn mening alleen daarin haar kans op voortbestaan is gelegen, en haar kans om een wezenlijke bijdrage te leveren aan een nieuwe tijd. En ik teken daarbij aan dat er zowel binnen als buiten de traditionele kerkelijke instituten tal van plaatsen zijn – bij een ervan ben ik zelfs ten nauwste betrokken – waar christenen in die richting op weg gaan.

Een kerk die de moed niet vindt tot dialoog met de intuïtieve broeder zal aan haar eigen verstarring ten onder gaan en links en rechts worden gepasseerd door de velen die die moed wél vinden. Want ook als de kerk het laat afweten, dan nog zal de mens doorgaan met ongeneeslijk religieus te zijn.

Vragen

Vraag: *Wat betreft de intuïtieve broeder zou ik u willen vragen, hoe ervaart u het dat wij met zovelen hier bijeen zijn?*

Hein Stufkens: Als ik eerlijk mag zijn, is mijn intuïtieve broeder een beetje in de war als hij zoveel mensen ziet. Aan de ene kant wordt hij vervuld van vreugde omdat ze misschien op zoek zijn naar waar het eigenlijk om gaat, bezig met de wezenlijke dingen, en omdat er een enorme honger is in mensen om de weg te vinden. Aan de andere kant is deze broeder ook een beetje verontrust, misschien omdat hij te veel naar Krishnamurti geluisterd heeft en hij daar wat last van heeft. Krishnamurti zei altijd als hij dezelfde mensen telkens weer zag tussen zijn gehoor: 'Zit u hier nou nog?'
Dat mensen heil verwachten van anderen, van sprekers, van teksten, of zelfs van mensen die zich tot een ander soort wezens maken, dat mechanisme, daar ben ik doodsbang voor. Maar goed, ik heb mij hiervoor geleend en ik ben hier van harte.

Vraag: *Ik wil graag wijzen op de discussie die er is geweest tussen Carl Gustav Jung als intuïtieve broeder en Wolfgang Pauli als rationele broeder.*

Hein Stufkens: Deze mijnheer refereert aan een discussie die er is geweest (en tijdelijke vriendschap) tussen Carl Gustav Jung en de fysicus en zelfs Nobelprijswinnaar Wolfgang Pauli, die een aantal jaren samengewerkt hebben op het gebied van droomonderzoek. En het ging dan met name om de dromen van Pauli. Overigens is juist ook de geschiedenis van deze relatie, en binnen dit bestek voert dat misschien te ver, een weergave van hoe het tussen die twee broeders in onszelf is. Ze hebben voortijdig afscheid van elkaar genomen. De rationele broeder heeft afgehaakt, en die is daarna ook snel overleden.

Vraag: *Hoe zie je de plek van al die gevestigde scholen zoals Rozenkruisers, theosofen, antroposofen enzovoort?*

Hein Stufkens: Ik ben daar in mijn verhaal niet op ingegaan omdat ik het wilde hebben over de grote lijnen in onze samenleving en omdat de gezelschappen die jij noemt zeker getalsmatig heel klein zijn. Weliswaar zijn enkele de laatste decennia iets algemener geworden, met name de antroposofie, die zeg maar ook bij 'normale' mensen ingang heeft gevonden. De andere zijn toch een wat kleiner gezelschap. Ik denk dat ze een heel belangrijke functie kunnen hebben, juist in het weer naar boven halen van die vergeten traditie. Je zou kunnen zeggen: het zijn eigenlijk ook sekten, maar dan in de goede zin van het woord: afgescheiden stukken van de oorspronkelijke stroom. Er is zelfs iemand die eens heeft gezegd dat het marxisme een christelijke sekte is, en daar had hij gelijk in. Als de kerk iets laat liggen, in dit geval de strijd voor gerechtigheid, dan komt de vraag naar gerechtigheid uit een andere hoek op, bijvoorbeeld, en dat hebben we de vorige eeuw gezien, in de vorm van het marxisme. Dus een stuk dat de kerk laat liggen, wordt dan godzijdank opgepakt door mensen die dan sektarisch of sekten worden genoemd maar die een wezenlijke waarde opnieuw oppakken.

Ik denk dat dat het geval is met die ondergronds toch steeds weer doorgegeven tradities van de gnosis, die je terugziet in die genootschappen. Er is echter een probleem, namelijk dat veel van die genootschappen voor mijn gevoel, als het gaat om de vraag van de dualiteit (twee kanten), erg doorslaan naar de geestelijke kant, dikwijls met het overslaan van het lichaam, de lichamelijkheid. We zien dat ook in de kerk. Ik vind dat die twee kanten bij elkaar dienen te worden gehouden, als incarnatie toch een wezenlijk gegeven is en het goddelijke – zoals ook in de christelijke mythe wordt gezegd – vlees is geworden.

Marcel Messing:
Gnosis, de kennis van het hart

Het lichaam als tempel

Het menselijk lichaam is een tempel. Een tempel met vele geheimen. Alle oude mysteriën hebben dit onderricht. 'Weet gij niet dat gij Gods tempel zijt en dat de Geest van God in u woont?' schrijft Paulus in zijn eerste brief aan de Korintiërs (1 Kor. 3:16).

Als de Boeddha het lichaam een verzameling van 'onreinheden' noemt, omsloten door de huid, waarbinnen zich beenderen, pezen, merg, nieren, hart, lever, ingewanden, darmen, maag, ontlasting, gal, slijm, etter, bloed enzovoorts bevinden en als de wijze Shankara het lichaam aanduidt als 'een bundel huid, vlees, vet, botten en vuil', moet ik glimlachen, want ik voel dat zij dat zeiden om de identificatie met het lichaam te doorbreken. Het lichaam beschouwen als tempel is het lichaam als voertuig zien van een diepere ingeschapen werkelijkheid; het lichaam als een soort vuilnisvat zien tracht de mens meteen tot de ongrondelijkheid van het bestaan te voeren.

Het zijn twee verschillende benaderingen die tot dezelfde essentie leiden. Natuurlijk zijn er ook nog andere visies op het lichaam: het lichaam als genotmiddel, het lichaam als voertuig van kracht, intelligentie, schoonheid, het lichaam als symbool. Er zijn vele ideeën over het lichaam en de verbondenheid van het lichaam met ziel en geest. Al deze visies en ideeën worden bepaald door levensbeschouwing, ervaring, karakter, cultuurpatroon.

De gnosticus ziet het lichaam als een tempel van de inwonende goddelijke geest. Daarbij gaat hij niet voorbij aan wensen en behoeften van het lichaam. Hij onderdrukt ze niet, maar tracht stap voor stap de zintuiglijke krachten in het lichaam tot een hoger niveau te transformeren.

In de *Oepanisjads*, wijsheidsteksten aan het einde van de zogenaamde 'woudboeken' aan het slot van de *Veda's*, wordt het lichaam gezien als 'de stad van Brahma', en in het boek *Apokalyps* (Openbaring), het boek dat over de geheimen van het menselijk lichaam spreekt, wordt het lichaam 'het Nieuwe Jeruzalem' genoemd.

Het menselijk lichaam kan beschouwd worden als een miniatuur-universum leert de Arabische gnosis. Als een microkosmos. Alles uit het grote universum bevindt zich in het klein in het menselijk lichaam, het kleine universum. De biljoenen planeten die in dit wonderbaarlijke heelal om hun as draaien, in stand gehouden door een onmetelijke en allesomvattende intelligentie, worden gereflecteerd in de biljoenen cellen van het menselijk lichaam. Het licht van alle zonnen wordt weerkaatst in het menselijk oog. De kracht van de uiterlijke planeten werkt in op de innerlijke planeten van het lichaam.

Zoals Hermes Trismegistus al zei: 'Zo boven, zo beneden.' En ik zou hieraan toe willen voegen: 'Zo binnen, zo buiten.'

Een onverbrekelijke liefdesband

Tussen het grote geheel, de macrokosmos, en het kleine geheel, de microkosmos, is een onverbrekelijke liefdesband, een 'hiëros gamos', een heilig huwelijk. Tussen de kosmische levensboom en de boom des levens, geplant in de paradijstuin, het lichaam van de mens, is een liefdevolle relatie, zoals tussen minnaar en beminde.

Niets staat op zichzelf. Alles wat naam en vorm heeft is met elkaar verbonden. 'Niet één verschijnsel staat op zichzelf', zegt de Boeddha. Alles is één. Alles is afhankelijk van elkaar. Alles wordt doorstraald door de kracht en de wijsheid van het Ene. Er is alleen het Ene. In onze tijd is het de moderne natuurkunde die deze onverbrekelijke eenheid van alle verschijnselen onomstotelijk heeft aangetoond. De 'eeuwige' wijsheid en de ervaringen van alle mystici getuigen hier te allen tijde van en de mythische mens drukte deze eenheid uit in mythe, rite en symbool. De moderne mens herontdekt de eenheid der dingen na de tocht door de veelheid der verschijnselen. Zal zo zijn liefdesband met het geheel niet des te groter worden?

Het 'heilige der heiligen'

In de tempels van Luxor, Karnak, Heliopolis, Hermopolis, Delphi en in vele andere tempels werd het tijdloze mysterie van de tempel van de mens in relatie tot het heelal uitgebeeld in symbolen, tekens, getallen en maten. Later gebeurde dit ook in de middeleeuwse kathedralen, die vanuit gnostische inzichten zijn gebouwd. Zij die rijp waren om kennis van dit tijdloze mysterie te ontvangen, betraden het 'heilige der heiligen'. Via inwijding gingen zij het adembenemende en huiveringwekkende mysterie van het leven zelf binnen en lieten de sluier van onwetendheid achter zich. Zij die het mysterie oprecht wilden naderen maar nog niet voldoende rijp van geest waren bleven voor het 'voorhangsel' staan. In hen kon de onwetendheid nog niet volledig 'gescheurd' worden. Zij die nog te zeer gehecht waren aan de wereld en aan de zintuiglijke genoegens bleven buiten het mysterie.

Tot het wezen der dingen, het 'heilige der heiligen', dringt slechts hij of zij door die bereid is alles bij de 'voorhof', de drempel van de tijd, achter te laten. Bij de voorhof blijven al diegenen staan die zich nog verliezen in het spel van tijd en ruimte. Hun ontgaat voorlopig het mysterie, het 'heilige der heiligen'. Maar ieder mens zal op de evolutieboog van tijd en ruimte vroeg of laat tot dit mysterie doordringen.

'Dat zijt gij!'

Zoals door de macrokosmos machtige stromen licht en levensenergie circuleren, zo circuleren in de menselijke microkosmos licht en levensenergie via het bloed. Zoals het lichaam de kleine tempel is van de mens, zo is de macrokosmos, het grote goddelijke lichaam, zijn grote tempel. Dat is zijn ware lichaam, gezien vanuit zijn grondeloos wezen. Dit grote lichaam wordt doordrongen van de meest fijnstoffelijke bewustzijnsenergie, fijner dan het fijnste, subtieler dan het subtielste. In de *Oepanisjads* wordt deze onzichtbare en tijdloze bewustzijnsenergie 'Dat' genoemd. 'Dat' doordringt al wat is. 'Dat' is de grond van alle grond. 'Dat' is het zijn van alle worden. Het zijn van al wat is. 'Dat' is ons onmetelijke transparante lichaam. 'Dat' is ons alom aanwezige bloed. Het bloed van zijn. Het bloed van bewustzijn. Het bloed van vrede.

Daarom staat er in de *Oepanisjads*: 'Dat zijt gij!' Christus zei het wat anders, maar drukte dezelfde waarheid uit: 'Ik en de Vader, Wij zijn één' (Joh.10:30).

Het belang van de menselijke geboorte

Krishna, Mahavira en de Boeddha zeiden reeds dat de menselijke geboorte zeer moeilijk te verkrijgen is. En in onze tijd is het de avatar Sai Baba die dit keer op keer herhaalt. Door grote verdiensten in het verleden verkregen we het menselijk lichaam. Door grote verdiensten komen we in aanraking met de wijsheidsleer der grote leraren. Door grote verdiensten wordt uiteindelijk, na een lange reeks van geboorten, de mogelijkheid gegeven om onze evolutie te vergoddelijken. En het menselijk lichaam als tempel biedt hiertoe de mogelijkheid. Het menselijk lichaam is dus iets zeer kostbaars. In de *Veda's*, het oude 'weten' uit India, wordt steeds opnieuw gewezen op het belang van het menselijk lichaam. De menselijke geboorte is uitsluitend bedoeld voor Godrealisatie, voor de verwerkelijking van het tijdloze mysterie in de tijd, van het Onnoembare in naam en vorm. Het lichaam is de boot die ons naar de overkant van alle tegenstellingen kan brengen als het ontdaan wordt van bagage, van het ik, van het vermeende 'eigen' zelf. De gezuiverde geest is de bootsman, de armen zijn de roeispanen en het hart is het kompas. Wie de methode kent om aan de overkant van alle tegenstellingen te komen maar deze niet benut, wordt in de oude wijsheid 'een dwaas' genoemd.

Het beeld van de mens

In de oude mysterietempels werd in het heiligdom het beeld van de mens geplaatst om de eenheid tussen macrokosmos en microkosmos uit te drukken. Later schiep men godenbeelden en vereerde men steeds meer de goden, zodat de goden algauw boven de mens verheven werden. De goden werden afgoden, en God in menselijke gedaante werd vergeten.

De moderne mens weet niet meer zo veel van tempels, zodat hij het beeld van de oorspronkelijke goddelijke mens niet meer begrijpt. Hij is beter thuis in schouwburgen en bioscopen, in beursgebouwen en discotheken en in moderne 'tempels' die ieder spoor van het gnostische verleden kwijt zijn.

Op het beeld van de mens in de oude mysterietempels waren symbolen, tekens, getallen en maten aangebracht, die overeenkwamen met de tempel als beeld van de macrokosmos.

'Ken u zelve', stond bij de ingang van de tempel van Delphi geschreven. Dat betekent: in de mens zelf is de sleutel tot het koninkrijk verborgen. De mens zelf ís het koninkrijk, hij ís het Al. Maar slechts uitsluitend als hij vrij van het 'eigen' zelf is. Van zelfzucht, zucht naar een 'eigen' zelf, een eigen ik, een eigen centrum. Het ik is een tijdelijk voertuig om de wereld te verkennen. Op het moment dat het zichzelf vooropstelt en het zelfloze Zelf vergeet is er sprake van een 'val', een 'val' in het bewustzijn.

Wie zichzelf kent als zelfloos, kent het heelal, ís het Al. Zoals logion 2 van *Het Evangelie van Thomas* zegt:

Jezus heeft gezegd:
Dat hij die zoekt niet ophoude met zoeken
tot hij gevonden heeft
en als hij gevonden zal hebben
zal hij verbijsterd zijn
en verbijsterd zijnde
zal hij in verwondering opgaan
en hij zal heersen over het Al.

Dit heersen is dienstbaar zijn. Een werkelijk heerser is een dienaar. Heersen over het heelal is devotie voor het heelal. Devotie voor het heelal is devotie voor God. Devotie voor God leidt uiteindelijk tot samensmelten met God. God als bronloze bron van al wat stroomt. Van al wat naam en vorm heeft. Van al het onmogelijke dat mogelijk is.

Kennis van het Zelf

Het 'Ken u zelve' betreft dus niet een 'eigen' zelf of een ik. Pas als dit verdwenen is, is er zelfkennis. Kennis van het onzelfzuchtige bestaan. Kennis van het Zelf. Kennis die de kenner, het gekende en het proces van kennen doen samenvloeien. Het Zelf heeft nergens een centrum, is alom aanwezig. Het bestaat 'om-niet'.
Overal is het centrum van het Zelf. Overal is de omtrek van het Zelf. Nergens is het centrum van het Zelf. Nergens is de omtrek. Om deze reden zegt de boeddhist dat er in de mens 'geen zelf' ('anatman') is dat de 'grote leegte' van al wat is ervaart. Wat we het Zelf noemen, zouden we even zozeer het 'niet-Zelf' kunnen noemen, omdat de omtrek en het centrum van het Zelf bestaan en niet bestaan. Het hangt ervan af hoe je ernaar kijkt. Wie naar de eindeloze lucht kijkt en zich concentreert op een

kleine wolk, ziet vooral de wolk in het onmetelijke firmament. Wie de blik echter vooral richt op de uitgestrekte hemel en pas daarna op de wolk, ziet een voorbijgaand stipje in de oneindigheid. Het ik, het 'zelf' is als het wolkje. Naargelang er veel of geen betekenis aan gegeven wordt, is er sprake van een 'zelf' of 'geen-zelf'. De hemel raakt dit alles niet.

In feite is er geen 'eigen' zelf, geen blijvend ik. Maar er is ook geen hoger of lager zelf. Christus wordt weleens het hoger Zelf genoemd. Dit wil zeggen: als door de volledige kruisiging van het ik iedere opvatting van een 'eigen' zelf verdwenen is, is er alleen nog Christus, de allesomvattende en allesdoordringende bewustzijnsenergie van liefde en wijsheid, die het heelal doordringt. Dan is het niet meer ík, maar Christus in mij die 'mij' doet ademen, lopen, bewegen, eten, slapen... De kosmische intelligentie openbaart zich via de 'eigen-wijsheid' van het lichaam.

Overweeg deze dingen over God: Hij is overal en tegelijkertijd is Hij nergens. [Wat zijn macht betreft] is Hij overal, maar wat zijn goddelijkheid betreft is Hij op geen enkele plaats.
(Sylvanus)

De basis van al wat is, is: allesomvattend bewustzijn. En omdat dit bewustzijn niet gehecht is aan naam en vorm, is het tegelijkertijd de hoogste liefde, volmaakte stilte, rust. Dit bewustzijn openbaart zich tegelijkertijd als beweging in energie en materie. En de Stilte werd Woord en het Woord werd vlees.

In logion 50 van *Het Evangelie van Thomas* lezen we:

Wat is het teken van uw Vader die in u is?
Zegt hun:
Het is een beweging en een rust.

Het onzeglijke manifesteerde zich als eenheid en de eenheid als het vele. Spreuk 42 van de *Tau Teh Tsjing* zegt hierover:

Tau baart een.
Een baart twee.
Twee baart drie.
Drie baart de tienduizenden dingen.

En spreuk 40:

Terugkeer is de beweging van Tau.
Zachtheid is de werking van Tau.
De dingen der wereld ontstaan uit zijn.
Zijn ontstaat uit niet-zijn.

Wat werkelijk ís, is 'Dat'. Het tijdloze zijn. 'Dat' wat altijd is en op wiens tijdloze rug de golven van verleden en toekomst afglijden als waterdruppels op het blad van de lotus.

God in het vlees

Als de betekenis van de symboliek van het menselijk lichaam verloren gaat, komen er steeds meer godenbeelden die maar al te gemakkelijk afgodsbeelden kunnen worden. Zolang de mens in het godenbeeld zichzelf herkent of er een 'voertuig' in ziet van de oceaan van goddelijk bewustzijn, zullen verering en devotie hem tot het Zelf kunnen brengen. Maar zodra het godenbeeld een afgodsbeeld wordt en de mens er uitsluitend zijn eigen bewustzijnskrachten en emoties op projecteert, wordt hij afhankelijk van een buiten hemzelf geprojecteerde kracht die in wezen in hemzelf is. Dan is de weg algauw open om met de goden te willen onderhandelen, om hen in te zetten voor eigenbelang, om hun te offeren en te smeken. Dit alles versterkt het ik, het 'eigen' zelf.

God schiep de mens naar zijn beeld en gelijkenis. Een diepe wijsheid, zo vaak misverstaan. Dat wat we God noemen, de onmetelijke, universele, intelligente bewustzijnskracht die zich in alle levensvormen openbaart, kan zich het meest markant in het lichaam van de mens uitdrukken. Dit doet niets af aan de eenheid van al wat is. Aan een parelsnoer kunnen verschillende parels hangen, maar het is het snoer dat alle parels verbindt.

De mens is naar zijn wezen God in het vlees. En het vlees is zijn lichaam. De etymologie van het woord 'lichaam' wijst naar 'vleselijk omhulsel'. Niet voor niets spreken veel culturen van 'het stoffelijk overschot' als iemand is overleden. En met gepaste eerbied wordt het lichaam begraven, verbrand of op een andere wijze aan de natuur teruggegeven.

In het begin was het Woord

In het begin was het Woord
en het Woord was bij God
en het Woord was God.
Dit was in het begin bij God.
Alles is door Hem geworden
en zonder Hem is niets geworden
van wat geworden is.
(Joh. 1:1-3)

Vóór het begin was er de Stilte, de Leegte, het Onnoembare, het Onzegbare, de onmetelijke Geest, Bewustzijn, altijd zijnde Liefde. En uit de grondeloze Stilte verrees het Woord als een tijdloos universeel 'Sanctus'. Zo werd het 'niets' 'iets', openbaarde het 'zijn' zich in 'worden'. Door middel van energie en materie werd het Woord 'vlees'. Steeds opnieuw wordt het Woord vlees. Iedere fractie van een seconde is er sprake van transformatie, van 'vernietiging' en verandering. Het is de 'dans van Shiva'. Onophoudelijk incarneert het Woord. Onophoudelijk wordt het Woord vlees. Onophoudelijk gaat Stilte over in Woord en Woord in Stilte. Niet éénmaal. Maar altijd. Beweging en rust vinden elkaar in een nog grondelozer mysterie.

De demiurg

Maar de mens vergat wie en wat hij is. Hij bouwde zijn eigen wereld. Hij schiep zijn eigen heelal. Een heelal bepaald door waan, jaloezie, eigenwaan, eigendunk, hoogmoed en onwetendheid. Hij ruilde zijn goddelijke scheppingskracht in voor tweedehands krachten. Krachten van het ego, de 'demiurg' genoemd, de bouwer van eonen en archonten, de projecterende kracht van tijd en ruimte, de mentale heerser van het door de mens zelfgeschapen lot. Het 'heelal' dat de mens echter schiep is het pseudo-heelal van zijn ik-gerichte gedachten en emoties, voortgekomen uit zijn gebroken bewustzijn. Door dit geprojecteerde heelal kan hij het werkelijke 'heel' en 'al' niet meer zien, niet meer beleven. De demiurg, waar de gnostische geschriften in symbolentaal over spreken, is niets anders dan het ik, het vermeende 'eigen' zelf, dat als een weerspannige 'schepper' voorbijgaat aan de werkelijke Schepper die zich in ons wil manifesteren. De demiurg bedient zich vooral van het splitsende denken, het tweeheidsdenken, dat aan de ervaring van het eenheidsbewustzijn voorbijgaat. In diverse scheppingsverhalen en vele andere mythen wordt in symbolische taal over de 'val' van het bewustzijn gesproken.

De kostbare parel en de verloren zoon

Maar zoals de diamant die in de modder ligt niets aan glans verliest als hij wordt schoongemaakt, zo verliest de mens niets van zijn goddelijkheid als hij zich reinigt van de smetten van zelfzucht. De mens verbergt een kostbare parel in zijn hart. Het hart is het tabernakel in zijn lichaamstempel. Daarin bevindt zich de parel van goddelijkheid, de 'gouden kiem', de 'lichtvonk', de verborgen mogelijkheid tot eenheid met al wat is. Maar de oester van onwetendheid houdt de parel van inzicht bij de meeste mensen stevig omsloten. *Het lied van de parel*, zoals de poëtische gelijkenis van de joodse gnostische groep der Mandeeën uit Mesopotamië (van vóór onze jaartelling) heet, is het lied over het goddelijk bewustzijn, 'begraven' in de modder van naam en vorm, van onwetendheid en begeerte.

De gelijkenis van de Verloren Zoon (bv. in Luc. 15:11-32), weliswaar beschadigd doorgegeven, betreft de evolutietocht van de 'jongste zoon', die verloren door de wereld trekt en daardoor de eenheid met de 'Vader' vergeet. De 'oudste zoon' echter blijft thuis bij de Vader. De 'jongste zoon' is het ego en de 'oudste zoon' is het tijdeloos bewustzijn van de Vader, van de eenheid van al wat is. Dit bewustzijn dragen we altijd in ons. De oudste zoon blijft altijd 'thuis', in het 'huis van de Vader'. Het is de goddelijke essentie van de mens, die steeds met de jongste zoon meetrekt door de wereld. Iedere stap die de jongste zoon zet, wordt geschraagd door de oudste zoon, de goddelijke essentie. Maar de jongste zoon beseft dit niet altijd. De oudste zoon is het éne, waarin ons wezen altijd thuis is zolang het ik geen centrale rol wil spelen in ons leven. De oudste zoon is de onvernietigbare eenheid die altijd in ons is, ook al verliezen we ons in de veelheid der verschijnselen en identificeren we ons met ons lichaam en al wat naam en vorm heeft. Als de jongste zoon (het ik) terugkeert naar de Vader, bemerkt hij dat 'hij' nooit is weg geweest.

Pas als we inkeren tot het 'huis van de Vader', tot onze goddelijke essentie, is de eenheid hersteld, aangevuld met de intense ervaring van de veelheid. Dit inkeren wordt door Jezus 'metanoia' ('ommekeer') genoemd, zo onjuist vertaald met 'bekering'.

De boom der dieren en de boom der mensen

Steeds heeft de mens de mogelijkheid om te kiezen. Hij kan kiezen tussen de vruchten van dualiteit (de boom van kennis van goed en kwaad) en de vruchten van eenheid (de levensboom).

Eet hij van de boom van dualiteit, dan maakt hij de tweeheid en de veelheid tot 'vlees en bloed', tot dagelijkse spijs. Dan wordt hij speelbal van begeerten, haat, geweld en vooral van onwetendheid. Hij vergeet wie en wat hij is, waar hij vandaan kwam en waar hij naartoe gaat. Hij kwam uit het onnoembare. Is in het onnoembare. Gaat naar het onnoembare. Drie bewegingen in een en dezelfde rust.

Eet hij van de boom van eenheid, dan schouwt hij het Ene. Overal het Ene. De bergen en de valleien: het Ene. De oceanen en de luchten: het Ene. De stenen, planten, dieren en mensen: het Ene. De planeten, zonnen en zonnestelsels: het Ene.

Alle universa: waterdruppels in de onmetelijke Geest van het Ene. Daarom zegt *Het Evangelie volgens Filippus*:

Twee bomen staan er in het Paradijs.
De ene brengt dieren voort
en de andere mensen.

Adam at van de boom die dieren voortbracht.
Hij werd een dier en bracht dieren voort.
Daarom vereren [de kinderen] van Adam [dieren].
De boom [van welke Adam de] vruchten at
[is de boom van de kennis van de dieren,
en zo] werden [zijn kinderen] talrijk.
[Wanneer de mens echter] vruchten [eet
van de boom van de mensen]
brengt hij mensen voort.
[Dan vereert de mens] de mensen.

God schiep de mens
en de mensen schiepen zich een god.

Zo gaat het in de wereld:
de mensen scheppen zich goden
en vereren hun scheppingen.
Waarlijk! (zo) zouden de goden
de mensen moeten vereren!

Goden zijn niet bevrijd van het rad van geboorte en dood. Dat leert de Boeddha. Dat leert de *Bhagavad Gita*. Dat leren de onvergankelijke wijsheidsleringen. Daarom wendt de gnosticus zich niet tot de goden. De goden zijn manifestáties van het Ene, nog niet opgegaan in het Ene.

'In het huis van mijn Vader zijn vele woningen', leert Jezus. Zolang men nog een 'vertrek' bewoont, laag of hoog, hels of hemels, demonisch of van de goden, is men niet bevrijd. Werkelijke vrijheid stijgt uit boven alle hemelen en hellen, boven alle woonvertrekken, hemelsferen en hellesferen. De vrije mens ontdekt vanuit het Zelf zichzelf als schepper van 'het huis van de Vader', als schepper van alle vertrekken. In de vrije mens vallen schepper, schepping en schepsel samen. Eén. Overal het Ene. Niemand meer die schouwt. Niets dat nog geschouwd wordt. Er is zien. En zien is Licht.

In logion 24 van *Het Evangelie van Thomas* wordt dit als volgt uitgedrukt:

Er is licht
binnen een lichtend wezen
en het verlicht de ganse wereld.
Indien het niet verlicht
is het duisternis.

Bevrijding van onwetendheid

Alle mysteriescholen, tot op de dag van vandaag, geven 'kennis des harten', kennis van wat de mens is en wie hij is. Zoals reeds enkele glazen wijn de geest benevelen, zo benevelt onwetendheid de ware kennis. De gnosticus richt zijn hele leven op het ontwaken uit de slaap van onwetendheid, op het pad van bevrijding. Het is het pad dat eens leidt tot Zelfrealisatie. Tot verwerkelijking van het niet-zelf. Tot samenvallen met het Zelf.

Alle boeddha's, alle avatars, alle mystici spraken over hetzelfde en leefden het voor. Allen wezen op de wijsheid van het hart.

Zij onderrichtten, zonder enige uitzondering, het pad van be-vrijding dat leidt tot spirituele wedergeboorte, waardoor de ke-ten van geboorte en dood, gebonden aan naam en vorm, voor-goed doorbroken wordt.

In strofe 97 van *Het Evangelie volgens Filippus* kunnen we lezen:

De on[wetendheid]
is de moeder van [alle kwaad].
De onwetendheid
[is de voortbrenger van de dood].

Jezus richt zich tot de Vader, de oergrond van alle leven, het ongeopenbaarde zijn, om de mens zijn dwaze handelen niet aan te rekenen, 'want ze weten niet wat ze doen' (Luc. 23:34). Hier-mee zegent Jezus in feite de onwetende mens met de liefdes-energie van de Vader, die boven iedere dualiteit staat, die een en al liefde is.

En Hermes Trismegistus, die de onwetendheid met betrekking tot God als het grootste kwaad in de mens ziet, zegt:

O mens, waar spoedt ge u toch naartoe? Ge zijt dronken; ge hebt de sterke dronk van onwetendheid (met betrekking tot God) met volle teugen tot u genomen; het heeft u overweldigd en nu braakt ge het zelfs uit. Wees standvastig; word nuchter; kijk omhoog met de ogen van het hart; als ge dit niet allen kunt, dan tenminste zij die er wel toe in staat zijn.

Dit kwaad van onwetendheid overstroomt de gehele aarde; zijn stroom sleurt de ziel die is opgesloten in het lichaam mee, en belet haar de havens des heils binnen te komen.

Toch werd de weg om onwetendheid op te heffen altijd onder-richt. Door boeddha's en avatars. Door mysteriescholen en in-gewijden. Door leraren en mystici.

Enkele voorbeelden ter verduidelijking.

De spirituele alchimie
De spirituele alchimie, de 'edele kunst' of 'koninklijke kunst'

genoemd, leert de mens om zichzelf van binnenuit om te vormen. Om de 'onedele metalen' (ondeugden als haat, begeerte, jaloezie, eerzucht) om te smeden tot 'edele metalen' (deugden als liefde en mededogen) en het kostbare 'levenselixer' of de 'steen der wijzen' (het grondeloze zijn) in het lichaam te realiseren. De steen der wijzen transmuteert lood in goud, dat wil zeggen: onedele eigenschappen in edele. De spirituele alchimie heeft nimmer het oogmerk gehad om letterlijk goud te maken, zoals de stoffelijke alchimie. De spirituele alchimie leert dat de 'boom der filosofen' in de 'rozentuin' (het menselijk lichaam) van de alchimist door het water van inzicht, gnosis, kan uitgroeien tot de 'boom der wijsheid' (levensboom). Eenmaal tot volle wasdom gekomen, zullen alle planeten als gouden vruchten zijn takken sieren. De gouden vruchten symboliseren het ontwaakte kosmische bewustzijn, het verankerd zijn in het Zelf. De spirituele alchimie leert dat het lichaam een tempel is, een microkosmos, een alchimistische 'oven', waarin door toename van spiritueel inzicht de oude bewustzijnsprocessen onder druk komen te staan en geleidelijk verdampen. Uit de afval, het gestorvene, verrijst het nieuwe leven. 'Mortificatio et resurrectio' ('sterf en verrijs') is het axioma van de alchimie. Sterf aan al het oude en verrijs in het nieuwe, het onzegbare. En tegelijkertijd: 'ora et labora' ('bid en werk'), zodat het 'opus magnum' (het 'grote werk') tot stand kan komen. Op de driepoot van inzicht, geduld en geestelijke moed beoefent de alchimist het pad van bevrijding, het pad tot het 'alchimistische huwelijk', tot de eenheid der tegenstellingen. In talloze beelden en symbolen heeft hij dit uitgebeeld, bijvoorbeeld in de symboliek van de androgyne mens, ook wel 'rebis' genoemd. Deze beelden en symbolen verhullen enerzijds het grote mysterie; anderzijds stimuleren ze de geest tot schouwen.

Op de beroemde *Tabula Smaragdina* (de Smaragden Tafel), die teruggaat tot de Griekse oertekst uit de 2e of 4e eeuw en toegeschreven wordt aan Hermes Trismegistus, lezen we de volgende zinnen in het alchimistische credo, dat op de onvergankelijke eenheid van het zijn wijst:

Waar, zonder dwaling, zeker en waarachtig waar;
dat wat boven is, is gelijk aan dat wat onder is,
en dat wat onder is, is gelijk aan dat wat boven is.
Om de wonderen van het Ene te doordringen;
en zoals alle dingen geworden zijn uit Een,
door de overweging van Een,
zo ontstonden alle dingen door dit Ene door aanpassing.
(*Theatrum Chemicum*, 1659-1661, I, 362)

Het Ene blijkt de allesdoordringende kracht te zijn, de 'kracht van alle kracht die iedere vluchtige substantie zal beteugelen en die iedere vaste stof zal doordringen', vervolgt de *Tabula Smaragdina*. Ook de *Oepanisjads* verhalen hier uitvoerig over. De kracht van het Ene is alom aanwezig. Niets bestaat zonder deze kracht.

Mahmud Shakistari schrijft in zijn *Mystieke rozentuin*:

Niet-zijn is een spiegel, de wereld is het spiegelbeeld en de mens is het oog van het spiegelbeeld, waarin de persoon is verborgen. U bent het oog van het spiegelbeeld en Hij is het licht van het oog. Wie heeft ooit het oog gezien, waardoor alle dingen gezien worden? De wereld is een mens geworden en de mens een wereld. Er is geen duidelijker uitleg dan dit. Wanneer u de kern van de zaak goed beschouwt, is hij tegelijkertijd de toeschouwer, het schouwend oog en het geschouwde. De heilige traditie heeft dit verklaard en zonder 'oog of oor' duidelijk gemaakt.

Weet dan dat de wereld een spiegel is van top tot teen. In ieder atoom zijn honderd vlammende zonnen. Als u het hart van een waterdruppel klieft, rijzen er honderd zuivere oceanen uit op. Als u nauwlettend iedere zandkorrel onderzoekt, zult u er duizend Adams in vinden. Een mug is in zijn ledematen gelijk aan een olifant en in zijn eigenschappen is een regendruppel gelijk aan de Nijl. De kiem van de gerstekorrel staat gelijk aan honderd oogsten en een wereld rust in het hart van een gerstezaadje. De vleugel van een mug heeft een oceaan aan leven in zich. De pupil van het oog bevat een hemel. En hoewel de kiem van het hart klein is, dient het tot verblijfplaats voor de Heer van beide werelden om daarin te wonen.

Het mysterie van de graal

De verborgen kennis in de graalliteratuur leert ons om onszelf tot een beker van het licht te maken, om de innerlijke strijd in onszelf aan te gaan, de graalbeker vanbinnen te reinigen, koning 'ik' te ontmaskeren, de lagere begeerten van de rode bloedridder te overwinnen en als een Parcival door alle tegenstellingen van het leven te trekken om zich vervolgens in de graalburcht van het lichaam met de goddelijke Visserkoning te verenigen. Dan kan de 'wond' van onwetendheid en begeerte, die ons alle levensenergie en bewustzijn ontnam, door wijsheid, inzicht en liefde genezen worden.

Het pad van de graal, de queeste of zoektocht naar de graal verloopt trapsgewijs. Het woordje 'graal' is verwant aan het Latijnse woord 'gradatim', dat 'stap voor stap', 'trapsgewijze' betekent. Parcival, de 'reine dwaas', symboliseert de mens die van onwetendheid, begeerte, domheid (Tumpheit) en twijfel (Zwîvel) naar zielewijsheid (Saelde) groeit. Het leven wijdt hem iedere keer een stapje verder in. De queeste naar de graal is de zoektocht naar het Zelf. Het is de zoektocht die eerst leidt door het dal van het leven om daarna de hoogste top van bewustzijn te vinden (Frans: 'Par ci val' = 'door dit dal'; vergelijk 'percer à val' = 'dwars door het dal trekken'). De graalburcht is symbool van het menselijk lichaam met al zijn geheimen, waarover ook Teresia van Avila spreekt in haar mystieke werk *De innerlijke burcht*. In de burcht van het lichaam speelt zich de queeste naar de graal, naar Zelfrealisatie af. Op allerlei niveaus van bewustzijn en bewustwording. De personen in het graalverhaal zijn niet voor niets familie van elkaar. De 'graalfamilie' drukt immers de verwantschap van alle levenskrachten in het lichaam uit. In deze burcht woont de Visserkoning Amfortas ('l'âme forte' = 'de sterke ziel'), die door onwetendheid en begeerte zijn levenskracht verloor en zwaar gewond raakte. Amfortas wordt niet zomaar de 'graalkoning' genoemd. Hij symboliseert het goddelijk beginsel in de graalburcht, het lichaam van de mens. De 'lans' van onwetendheid en begeerte heeft zijn lichaam echter 'verwond', waardoor de levenskracht onophoudelijk wegvloeit en het proces van spirituele wedergeboorte niet kan plaatsvinden. Zo is de graalkoning een karikatuur geworden. De graalridders zijn de reine impulsen van de spirituele mens om de innerlijke graal, het goddelijke, te hoeden en te beschermen. Maar als de 'sterke ziel', Amfortas, 'bezwijkt', waardoor het goddelijke zich niet kan uitdrukken, rust er een doem op de graalburcht, dat is: het bewustzijn én het lichaam. Ziekte en disharmonie zijn altijd het gevolg van het verlaten van de eenheid en van een vermeend zelf dat zich tot middelpunt maakt. Pas als de vraag gesteld wordt waarom Amfortas lijdt, wat hem eigenlijk mankeert, waaraan het hem ontbreekt, zal de ziel innerlijk aangeven: de eenheid.

Zo is Parcivals queeste tevens de queeste van Amfortas. Ja, Parcival is Amfortas en Amfortas is Parcival.

In feite gaan alle graalverhalen over het herstel van de goddelijke eenheid in het menselijk bewustzijn. De diverse auteurs benadrukken alleen maar diverse aspecten, waarbij ieder een eigen toegangspoort zoekt om het mysterie van de graalburcht te doorgronden.

De vrijmetselarij en de kubieke steen

De vrijmetselarij leert de kandidaat van inwijding in het levensmysterie om de 'ruwe steen' (symbool van onwetendheid, begeerte en zelfzucht) om te vormen tot de 'kubieke steen' (het gereinigde en getransformeerde lichaam). De kubieke steen is als een kleine tempel, een 'witte keursteen' in de kosmische tempel van de ene Bouwmeester, de architect van al wat is.

In het mysterieverhaal over de bouw van de tempel van koning Salomo (1 Kon. 5:15-32; 6:1-38; 7:13-45) is op versluierde wijze het mysterie van de menselijke tempel in relatie tot de kosmische tempel verborgen. 'Geen hamer of houweel, geen enkel ijzeren werktuig werd bij de bouw van de tempel gehoord' (1 Kon. 6:7).

Voor de 'inventaris' van de tempel is echter Chiram Abiff (of: Hiram Abiff), de 'zoon van een weduwe', nodig. Hij is een begaafd kunstenaar, een meester-bouwer, volledig ingewijd in de innerlijke mysteriën van de spirituele wedergeboorte, zoals later Jozef de 'timmerman'. Chiram Abiff is een leraar van de Vader, een leraar van het Ene.

De vrijmetselaar gebruikt de onzichtbare hamer van de geest, die zonder één geluid de nieuwe lichaamstempel bouwt. Binnen de cirkel van trouw aan de grote Levenswet, getrokken door de passer van de tijd, ontsluit hij de 'hoeksteen' (het fundament van liefde, wijsheid, juiste kennis en volharding). De twee 'zuilen' in zijn tempel zijn 'Jakin (of: Jachin) en Boaz', die als twee polen de kracht en de eenheid van geest en stof in het lichaam symboliseren, in evenwicht gehouden door het leven zelf, waardoor iedere werkelijke scheidslijn verdwijnt. Het 'waterbekken' dat de vrijmetselaar in zijn eigen levenstempel vult met 'levend water' is de 'kennis des harten' (gnosis), die de reine mens in het hart ontvangt als hij zich zuivert van alle smetten. Met de meetlat van kritiek op zichzelf oefent de vrijmetselaar zich in het schaven aan de ruwe steen, het nog niet vergoddelijkte bewustzijn. Met de winkelhaak van onderscheidingsvermogen onderscheidt hij goed van kwaad en licht van duister. Door deze tegenstellingen te overstijgen, komt hij tot het ware inzicht en schetst op het tekenbord van zijn ziel het tijdloze. Met het schietlood van zijn geest peilt hij de verticale balk van het levenskruis en met de geestelijke waterpas de horizontale balk. Zo kan op het kruispunt van beide zijn ego gekruisigd worden, waardoor hij een 'witte keursteen' wordt, een levende cel in het geheel.

Dan is het 'opus magnum' (het 'grote werk'), het 'geestelijk bouwstuk', volbracht. Zo wordt in drie dagen, drie fasen die betrekking hebben op de reiniging van hoofd, hart en handen, de tempel van het lichaam hersteld, waardoor het goddelijk beginsel zich kan manifesteren. Daar doelde Jezus op toen hij zei: 'Breekt deze tempel af en in drie dagen zal Ik hem doen herrijzen' (Joh. 2:19). De joden dachten aan de uiterlijke tempel van Salomo. Jezus evenwel doelde op het grootse mysterie van de 'inventaris' van deze tempel: het geheim van de spirituele geboorte in de lichaamstempel.

De vrijmetselaar beoefent de 'koninklijke kunst' en hij weet: de leerling kan eens gezel worden en de gezel meester. En de meester zal een dienaar zijn. Want als de meester niet dient, kan de leerling nimmer zijn gezel worden. Pas als we dienen en dienstbaar zijn is het leven onze metgezel.

De meester-vrijmetselaar zal iedereen die rijp is geworden voor het levensmysterie de acaciatak van liefde reiken als symbool van onvergankelijke vrede.

Het geheim van de katharen

De katharen uit Zuid-Frankrijk, vooral woonachtig in de Ariège, waar de gelijknamige rivier nog steeds haar kristalheldere water door een sereen landschap voortstuwt, brachten honderdduizenden de 'kennis des harten'. Niet zozeer door hun spaarzame geschriften, die door de inquisitie en trouweloze dienaren der wet zwaar verminkt werden om een wapen in handen te krijgen om hen te vernietigen, maar door hun lichtend voorbeeld. Dat riep bewondering op én irritatie. Hun leven was hun kracht. Hun leven was hun boodschap. Hun 'levende kennis', hun gnosis, was het evangelie in praktijk gebracht, verbonden met oosterse wijsheid. Hun handelen was onzelfzuchtig, doordrongen van licht en vrede. Daarom werden ze 'bonhommes' ('goede mensen') genoemd, maar ook 'ware christenen'. Nog tot op de dag van vandaag noemen de bewoners van de Ariège iemand die een goed mens is een 'bonhomme'. De geestelijke trillingen van het kathaarse verleden vullen niet alleen de grotten de Lombrives, de Heremiet en Bethlehem in de 'montagne sacré' ('heilige berg') nabij Tarascon, maar vooral de grot van het hart van duizenden. Velen noemden zich in het verleden kathaar. Niet allen waren deze naam waardig. Ook in onze tijd, waarin de geest van het katharisme weer opleeft, noemen velen zich kathaar.

Maar leven vanuit de geest van het katharisme heeft niets te maken met het nabootsen van de uiterlijke leefwijze van de middeleeuwse katharen. Handelen en leven als een kathaar is een voortdurend pogen om de menselijke lichaamstempel in 'drie dagen' te reinigen. Een ingrijpend en soms moeizaam proces. De katharen onderrichtten de zuiverheid van hoofd, hart en handen. De zuiverheid van hoofd betreft de zuivering van het denken: oprecht, waarheidlievend, positief denken. De zuiverheid van hart betreft de zuivering van alle hartstochten en begeerten, niet door onderdrukking of negatie, maar door inzicht (gnosis). De zuiverheid van handen betreft het onzelfzuchtige handelen, het niet-ik-gerichte handelen.

Pas als iemand er in zekere mate in geslaagd was om hoofd, hart en handen te zuiveren, behoorde hij of zij tot de kathaarse 'ekklesia', de gemeenschap der zuiveren. Eerst vernam men de leer van bevrijding. Dan was men een 'toehoorder'. Ontstond er een diep verlangen de leer te praktizeren, dan heette men een 'croyant', een gelovige. Hij die erin slaagde de leer te volgen en naar volmaaktheid streefde, werd een 'parfait' ('hij die naar volmaaktheid streeft') genoemd. Dit overeenkomstig de woorden van Jezus in de Bergrede: 'Weest dan volmaakt, zoals uw Vader in de hemel volmaakt is' (Matt. 5:48).

De katharen gingen ervan uit dat de mens geen behoefte heeft aan steeds weer nieuwe leringen, maar aan een levend voorbeeld. Door verminking van hun leringen en door dreiging met foltering en inquisitie werden allerlei verklaringen afgelegd die later de 'leer der katharen' werden genoemd. Ook werden vele onjuiste boeken door de kerk verspreid om de leringen van de katharen in opspraak te brengen. Laster en smaad hebben de gnostici steeds getroffen. Veel moderne publikaties tonen dit aan.

De katharen kenden de esoterische (innerlijke) betekenis van de leringen van Jezus én praktizeerden deze.

Zoals een adelaar die vanuit een grote hoogte loert op een slang in de vallei keer op keer gedwongen wordt zijn honger op aarde te stillen, zo is het ook met de menselijke ziel. Van nature wil ze naar hogere dimensies opstijgen en zich ontdoen van de aantrekkingskracht van de aarde, maar door honger naar wereldse geneugten is ze keer op keer gedoemd naar de aarde terug te keren. Leven na leven, beïnvloed door de wet van oorzaak en gevolg.

Voor de katharen was de Bergrede symbool van de innerlijke weg die leert hoe de mens kan opklimmen naar het universele bewustzijn, 'de weg der sterren', Godrealisatie. Zo was de Montségur voor hen vooral symbool van het innerlijk pad dat leidt naar het universele bewustzijn (de 'top' van de berg). Daarom wordt de Montségur in de vele overleveringen de 'graalburcht' genoemd, maar ook de 'mont salvat' ('berg van heil'), die het innerlijk proces van heel worden symboliseerde. Het heel worden was het werkelijke geheim van de katharen. Dat was hun werkelijke onvergankelijke 'schat', hun 'kennis des harten'. De katharen erkenden de waarheid van de uitspraak van de apostel Johannes: 'In het begin was het Woord.' Zij wisten dat dit 'begin' ontsproten was uit het mystieke 'niet-zijn', het niets. Zij wisten ook dat zijzelf de verklanking waren van het Woord, het tijdloze Amen-Aum. En zij wisten dat, hoewel het licht in de duisternis straalt, velen dit 'licht' nog niet kunnen 'aannemen'. De wereld is immers dronken van begeerten. Dronken van illusies Dronken van onwetendheid.

De mens, zeiden de katharen, leeft eigenlijk in twee werelden: in de zuivere schepping van God en tegelijkertijd in een door hemzelf geschapen wereld, de wereld van de 'demiurg' (het ik). Zo schept de mens onwetend een dualisme, hoewel alles feitelijk één is. Hij eet voortdurend van de boom van kennis van goed en kwaad, van de vruchten van dualiteit, hoewel er uitsluitend de levensboom is. Door zijn begeerte en onwetendheid kent hij zijn ware oorsprong niet meer. De katharen hebben nimmer geloofd dat een uiterlijke Satan de wereld (de materie) schiep en dat het kwaad van hem afkomstig is en dat de mens zich op grond hiervan dient af te keren van de wereld en het lichaam met zijn begeerten om zich zo met God, die licht is, te verenigen. Dit taaie dogma ontstond door de kerk en door verminking van de spaarzame kathaarse geschriften. Het leidt nog steeds een taai leven en wordt zo nu en dan nog aangegrepen door hen die steeds opnieuw – wetend of onwetend – de katharen dualisme verwijten en zelf maar al te vaak een geloof in een uiterlijke duivel of Satan voeden.

Als het proces van zuivering in de mens vordert, ontstaat er op natuurlijke wijze een loskomen van begeerte. Een loskomen ook van het willen leven of willen sterven. Werkelijk loskomen van begeerte, waar alle heilige geschriften ter wereld over spreken, kan nimmer tot stand komen door onderdrukking of negatie van lichamelijke processen. Alleen door inzicht, door de 'kennis des harten', kan een innerlijk pad gegaan worden. En op het juiste moment zal de mystieke ervaring van eenheid in het bewustzijn doorbreken. Eenheid, waarvan de meeste mensen vervreemd zijn, waardoor ze als vanzelf in dualisme leven. Het is niet ondenkbaar dat het dualisme dat de katharen in talloze geschriften wordt verweten vooral voortkomt uit een bewustzijn dat zelf in dualisme leeft en dit projecteert op hen die dit trachten te transformeren.

'Satan' (Hebreeuws voor 'lasteraar') is de demiurg, het ik dat zich tegenover de goddelijke werkelijkheid opstelt. Satan verhoudt zich tot God als duisternis (onwetendheid) tot licht (verlichting). Satan is het onwetende ik dat de tegenstander is van het spirituele geboorteproces in de mens. Het is de schaduw in de mens. De Boeddha sprak van Mara (Sanskriet voor 'de doder'; namelijk van de spirituele wedergeboorte). De oude Egyptenaren spraken van de duistere Set ('tweelingbroer' van Osiris, de god van het licht) en de oude Perzen van de boosaardige Ahriman ('tweelingbroer' van Ahura Mazda, de god van het licht).

En hoewel ook het ik, het vermeende zelf, in het krachtenspel van God bestaat – alles is immers God – is het tegelijkertijd de grootste illusie waarin de mens gevangen zit. Satan of de duivel is dus niets anders dan het symbool van het ik. Zo schept Satan, het ik, als tegenstander van Godrealisatie, iedere dag opnieuw zijn eigen wereld. Een wereld die zich richt op vervulling van aardse en lichamelijke genoegens, op de materie. Het ik kiest de wereld van verlangens en begeerten. En de adelaar, de ziel van de mens, is verplicht steeds opnieuw af te dalen naar de wereld om de slang van de wereld te eten in plaats van zich te voeden met de slangen der wijsheid, de gnostische slangen die om de caduceus van Hermes en de esculaap van de genezende god Aesculapius kringelen, symbool van eenheid der tegenstellingen.

Om de ziel nu voorgoed los te maken van het proces van reïncarnatie, onderrichtten de katharen het 'endura': het pad van beëindiging. 'Endura' is Occitaans en betekent 'ophouden', 'uitdoven', 'beëindigen'. Het heeft dezelfde betekenis als het Sanskrietwoord 'nirvana', dat de Boeddha gebruikte om het 'uitdoven' van de begeertebrand aan te duiden, het laten 'uitwaaien' van het vuur der verlangens. Tussen de leringen van de katharen en het oorspronkelijke boeddhisme is een grote verwantschap. Er zijn lijnen die erop wijzen dat het boeddhisme het katharisme beïnvloed heeft.

Endura betekent ook de beëindiging van de waan, van het nietweten, en het verkrijgen van ware kennis. Endura leidt tot een sterven aan wereldse verlangens zonder de wereld te verloochenen. De tijdelijkheid en vergankelijkheid van al hetgeen naam en vorm heeft wordt volledig doorschouwd en er is geen enkele behoefte meer om zich daarmee te verbinden. Het betekent: hoofd, hart en handen reinigen en de banden met wereldse en lichamelijke genoegens (die in wezen tijdelijk en daardoor onbevredigend blijven) stap voor stap ('gradatis') te verbreken en de ziel te richten op de onmetelijke geest van liefde en waarheid, die alle tijdelijke vormen doordringt. Het endura is een 'sterven vóór de dood'. Daardoor kan de ziel de 'reis der sterren' beginnen. Het is een innerlijke reis door alle hemelse en niet-hemelse plekken van het bewustzijn, waardoor de ziel zich volkomen verenigen kan met de ongrondelijke werkelijkheid van het onnoembare mysterie. Het is een pad van inwijding. De ingewijde kathaar werd symbolisch de graalbeker overhandigd, symbool van het stapsgewijze proces van innerlijke reiniging, waardoor zijn geest de hele schepping in liefde kon omvatten, zijn hart wijd werd als het hele universum en zijn handen in liefde alle schepselen omvatten.

De innerlijke cirkels van de katharen waren volstrekt geweldloos. En deze houding van volstrekte geweldloosheid, eens voorgeleefd door de Meester zelf, was er mede de oorzaak van dat de kerk, die zag dat 'het woord faalde', naar het zwaard greep, ironisch 'de metgezel van Christus' genoemd. Samen met de wereldlijke macht begon de kerk een kruistocht tegen deze 'goede mensen', deze 'ware christenen', in een poging de 'ketterse draak', wiens 'klauwen' en 'koppen' tot in geheel Europa reikten, te vernietigen.

Maar hoe kan men waarheid vernietigen die niet gebonden is aan een lichaam maar zich wel keer op keer belichamen kan? 'Socrates kan men doden, maar de waarheid nimmer', zei Socrates reeds toen hij veroordeeld was tot de gifbeker. Jezus werd vermoord door onwetenden, maar de waarheid die hij uitstraalde werd een machtig licht in de harten van hen die zijn innerlijke leringen begrepen en praktizeerden.

Het bloed gestort ter wille van de waarheid is het zaad van de waarheid. Eens zal dit zaad, op de juiste tijd, in het juiste seizoen, waar dan ook, weer ontkiemen. En de oogst zal overweldigend zijn.

De panacee der Rozenkruisers

Ook de oude Rozenkruisers, die van dorp tot dorp, van stad tot stad en van land tot land trokken, onderrichtten de 'kennis des harten'. Hoewel ze zich hulden in de mantel van het land waar ze verbleven, droegen ze het 'witte gewaad'. Dat betekent: zij werkten binnen het kader van een bepaald land, een bepaalde cultuur, maar waren zelf vrij van iedere binding aan land, cultuur, ras en godsdienst. Hun broederschap was een broederschap in de geest.

Bekend werden vooral de Rozenkruisersgeschriften uit het tweede decennium van de zeventiende eeuw: *Fama Fraternitatis* (De roep der broederschap), 1614, *Confessio Fraternitatis* (De belijdenis der broederschap), 1615, en *Chymische Hochzeit Christiani Rosencreutz anno 1459* (De alchimistische bruiloft van Christian Rosencreutz), 1616.

In de eerste twee geschriften wordt verhaald over de oorsprong en het doel van de Rozenkruisers.

In de *Chymische Hochzeit*, toegeschreven aan de lutherse domi-
nee Johann Valentin Andreae, lid van de zogeheten Tübingen-
kring, wordt op esoterische wijze het spirituele geboorteproces
van de mens in 'zeven dagen' beschreven. Later noemt Andreae
de *Chymische Hochzeit* een 'spelletje', mede door de scherpe
kritiek van de lutherse kerk waarmee hij te maken kreeg. De
Chymische Hochzeit heeft als ondertitel: *Onthulde geheimen
worden waardeloos, en ontwijd verliezen zij hun kracht. Werp
daarom geen paarlen voor de zwijnen en strooi geen rozen voor
de ezel.*
De oude Rozenkruisers onthulden hun geheimen over de 'edele
kunst' slechts aan hen die het 'Tehuis van de Heilige Geest'
waardig waren, die hun blik niet meer op de vergankelijke materie richtten. (Vergelijk de uitspraak van Jezus: 'Gooi geen
paarlen voor de zwijnen.')
Over de oorsprong van de oude Rozenkruisers en de inhoud van
hun geschriften is veel gepubliceerd en gespeculeerd. Vaststaat
dat zij diepe kennis hadden van alchimie, hermetica, kabbala,
mystiek en soefiwijsheid. Oosterse en westerse gnosis werden
door hen in hoofd, hart en handen verbonden. Dat blijkt onder-
meer uit de diepzinnige publikatie *Geheime Figuren. Die
Lehren der Rosenkreuzer aus dem 16ten und 17ten Jahrhun-
dert. Oder einfältig ABC Büchlein* (Altona, 1785-1788), dat als
een compendium van de oude wijsheid der Rozenkruisers wordt
gezien.
De oude Rozenkruisers onderrichtten dat in ieder mens de roos
van liefde en wijsheid kan opbloeien als de onwetendheid be-
eindigd wordt. Hun panacee was de 'kennis des harten', die gepraktizeerd werd in de tempel van het lichaam. Het lichaam, zo
leerden zij, heeft de vorm van een kruis. En dit kruis is gespan-
nen op de wereld van stof en waan, de wereld van voortdurende
verandering, die weliswaar een zekere schoonheid en aantrek-
kelijkheid heeft maar naar haar aard vergankelijk is. In het centrum van dit kruisvormige lichaam, in het hart (de hartchakra),
kan de roos des harten gaan bloeien als het ik gekruisigd wordt.
Met andere woorden: de 'roos van liefde en wijsheid', van

'kennis des harten', zal opbloeien als de gave van deze kennis aanvaard wordt en gepraktizeerd.

De roos zal eerst een rode kleur krijgen, omdat degene die aangeraakt wordt door de 'kennis des harten' tot in het bloed verandert. Een totale omwenteling zal in zijn leven gaan plaatsvinden. Het lichaam gaat veranderen. Het bewustzijn gaat veranderen. De hormonale processen en het emotieleven gaan veranderen. Het zenuwfluïde en de aard van de fijnstoffelijke etherprocessen gaan veranderen. Transmutatie, transformatie en transfiguratie zijn de woorden die de oude Rozenkruisers graag gebruikten om de totale verandering aan te geven.

De kruisiging van het ik is een proces dat een totale wedergeboorte betekent, een spirituele wedergeboorte, die de geest van de mens verenigt met de Universele Roos van Liefde. De individuele geest van de mens valt als een druppel terug in de oceaan en smelt ermee samen, nadat hij even in een golfbeweging boven het water werd uitgetild, zodat het leek dat er sprake was van een 'eigen' leven. De Rozenkruiser kruisigt al hetgeen Godrealisatie verhindert. Hij kruisigt alle begeerten. Hij kruisigt onwetendheid, waan, jaloezie, haat, eigendunk, boosheid.

En zo verandert de 'rode roos des harten' geleidelijk in een 'witte roos des harten'. Inzicht wordt wijsheid. Wijsheid heeft geen kleur. Kennis is gekleurd, neemt de kleur aan van de beoefenaar der kennis. Wijsheid is stralend wit. Boven alle kleuren verheven.

In 'drie dagen' zal de witte roos van wijsheid openbloeien, zo leerden de Rozenkruisers. En zij die dit werkelijk begrepen hebben, praktizeren dit tot op de dag van vandaag zonder zich een leer toe te eigenen. Zonder gebonden te hoeven zijn aan een naam, vorm of organisatie.

In 'drie dagen'... Drie dagen, die de drie gouden treden zijn die leiden tot de 'bruiloft van Kanaän', een geestelijke bruiloft. Kanaän is het 'beloofde land'. Dit land bestaat niet uit meters grond, uit heuvels of valleien. Dit land kent geen grenzen en geen regering. Geen onderdanen en heersers. Geen oorlog en vrede. Dit land is niet bestemd voor een 'uitverkoren' volk. Dit land is nergens anders 'gelegen' dan in het onmetelijke bewustzijn van de mens zelf. Kanaän is het land van goddelijk bewustzijn, dat gerealiseerd wordt als de mens zich vrijmaakt van alle smetten, als hij zijn ikzucht, waan en onwetendheid kruisigt. Niemand kan aanspraak maken op dit land. Niemand kan dit land kopen of verkopen. Geen atlas kan het omschrijven.

Op de eerste dag, in de eerste fase, wordt het hart gezuiverd. Het hart is een holte, een spirituele geboortegrot, van waaruit het goddelijke zich kan openbaren. Daar spraken reeds de *Oepanisjads* over. Als iedere hartstocht in de mens overwonnen is, als de 'dierlijke' krachten in hem getransformeerd zijn tot goddelijke kracht, zijn de 'os', de 'ezel' en de 'schapen' in zijn 'grot van Bethlehem' (het hart) in volkomen rust. Het goddelijk bewustzijn is geboren, waarbij aandacht en behoedzaamheid als 'herders' waken.

Op de tweede dag, in de tweede fase, worden handen en voeten gezuiverd. Ze worden aan het kruisvormige lichaam vastgenageld. Daarmee wordt gesymboliseerd dat niet ík meer handel, maar Christos in mij, het zelfloze Zelf. Niet ík loop meer, maar Christos in mij. Christos is geen mens. Christos is de universele levensgeest van liefde en alomvattend bewustzijn, ontsproten uit de bronloze bron van de Vader, de bronloze bron van het Al, die zich in de mens kan openbaren.

De kandidaat van inwijding laat de bespotting van de wereld om het gaan van dit pad van kruisiging achter zich, evenals de 'geselslagen' van onwetendheid en boosheid, in het besef dat zij die dit doen 'niet weten wat ze doen'.

Op de derde dag, in de derde fase, wordt de 'schedel' gezuiverd, het hoofd, het denken. De schedel is 'Golgotha', de 'schedelplaats'. Het is de geïndividualiseerde geest, die zich steeds beweegt tussen twee moordenaars, de 'goede' en de 'kwade' moordenaar, de dualiteit van goed en kwaad. Tussen deze dualiteit vindt de kruisiging van de 'eigen' geest plaats.

Het zuiveren van de geest is een pijnlijk gebeuren en raakt de kern van het ik. Het is een proces dat aanvoelt als het plaatsen van een 'doornenkroon' op het hoofd, omdat alle oude bewust-zijnsprocessen als door doornen doorstoken worden om plaats te maken voor de bloesemende voorjaarsgeest van het Al. Dan klinkt tot slot het 'consummatum est'. Het 'opus magnum' is volbracht. De geestelijke bruiloft kan plaatsvinden. Het is de 'bruiloft van Kanaän' (waarover op uiterst versluierde wijze het *Evangelie volgens Johannes* spreekt: Joh. 2:1-11), de 'alchimis-tische bruiloft', de 'gheestelike brulocht' (Ruusbroec). Het is de bruiloft van de geest waarbij de individuele geest volledig op-gaat in het goddelijk bewustzijn. In de Bijbel staan veel verha-len die verminkt werden. Toch kan de geestelijke dimensie tot op de dag van vandaag nog geschouwd worden.

Als de bruiloft van Kanaän gevierd gaat worden is de 'wijn van de wereld' op. De roes van de wereld loopt ten einde. De krui-ken zijn leeg. Het lichaam is als een kruik. En de meeste men-sen vullen die kruik met de wijn van de wereld. Met talloze be-geerten, waan en onwetendheid. Tot op een dag deze wijn op is en de mens dorst naar de 'wijn van de geest', de spirituele wijn, die de dionysische dronkenschap geeft, de mystieke roes die uiteindelijk tot volkomen klaarheid van geest leidt.

In logion 28 van *Het Evangelie van Thomas* lezen we:

Jezus heeft gezegd:
Ik stond in het midden van de wereld
en ik heb mij aan hen in mijn vlees geopenbaard.
Ik heb ze allen dronken gevonden.
Ik heb onder hen niemand gevonden die dorst had,
en mijn ziel heeft voor de zonen der mensen geleden
omdat ze blind zijn in hun hart
en niet zien
dat ze ledig ter wereld zijn gekomen
en zelfs pogen de wereld ledig te verlaten.
Maar ziet: nu zijn ze dronken.
Als ze hun wijn hebben opgegeven
dan zal hun geaardheid veranderen.

Talloze mensen komen zonder een spirituele schat op aarde en verlaten de aarde zonder een spirituele schat. Talloze mensen komen 'ledig' (zonder 'kennis des harten') op aarde en vertrekken er ledig.

De ware Rozenkruiser beschikt over de 'kennis des harten', over de panacee die de mens weer heel maakt. Als een Jezusmens vult hij de 'kruiken' der mensen. Hij vult ze met water (gnosis, 'levend water'), waardoor de dorst naar steeds weer nieuwe dingen verdwijnt. Zoals water dat kookt vanzelf verdampt, verandert dit levende 'water' geheel vanzelf in 'wijn' van de geest. En als getuige van deze geestelijke transformatie, deze 'bruiloft van Kanaän', zijn verwanten, leerlingen en vrienden aanwezig, want zíj zijn het die deze bruiloft als eerste zullen ervaren. Zelfs een moeder, zij die de (biologische) geboorte gaf aan het kind, zal verbaasd zijn bij het meemaken van deze spirituele 'bruiloft', en de diepere betekenis van deze 'tweede geboorte' wellicht niet meteen begrijpen. Maar als de geestelijke wijn ook door haar gedronken is, zal ze ten volle de 'moeder van God' zijn, de ziel die het goddelijke openbaart en bij de gehele kruisiging aanwezig is.

Het hoofd moet buigen voor het hart

Zo is de 'kennis des harten' tot op de dag van vandaag bewaard gebleven. Velen beschikken over kennis, maar slechts weinigen over 'hartekennis'. Sommigen ontvingen de 'sleutelen van het koninkrijk', maar verborgen ze voor de zoekende mens om hun wereldlijk koninkrijk van macht en aanzien in stand te houden. Maar de oprechte mens zal deze sleutelen nimmer verbergen, noch in het slot van eigenbelang steken of er de deur naar bevrijding voor anderen mee vergrendelen.

Ook de mystici, lichtbakens van liefde en licht, hebben steeds opnieuw verwezen naar de 'kennis des harten'. Als vuurtorens van de geest trokken en trekken zij al diegenen aan die naar verlichting streven. Zij zijn het hart van de ware religie en hebben op velerlei wijzen het pad van bevrijding, de totale vereniging en versmelting met het goddelijke, in beelden en symbolen, in poëzie en allegorie, beschreven en voorgeleefd. Ook hen wachtte meestal onbegrip, vervolging, smaad en laster. Dit lot heeft praktisch alle gnostici en mystici getroffen. Want de wereld heeft de neiging om hen die zich niet meer met de wereld willen verbinden en de woorden van Jezus 'in de wereld zijn maar niet ván de wereld zijn' serieus nemen, te vervolgen en te belasteren, ja zelfs vaak te doden.

Kennis des harten betekent dat het hoofd moet buigen voor het hart. Want het hart heeft zijn redenen die de rede niet begrijpt. Het verstand is slechts de eerste trede op de lange trap van inzicht, op weg naar het onnoembare mysterie, dat alle namen omvat, maar zelf onnoembaar blijft.
Zoals het Nag Hammadi-geschrift het *Geheime boek van Johannes* zegt:

[Hij is de ware God] en Vader van het [Al,
de Onzichtbare], de Geest, die over [het Al is,
die in] onvergankelijkheid verkeert
en woont [in het zuivere licht],
dat [geen ogen aanschouwen kunnen.
Hij is de onzichtbare Geest].
Men mag Hem zich niet als goden
of iets dergelijks [voorstellen]
want Hij is grootser dan goden,
[omdat er niemand bestaat] die boven Hem is.

En een stukje verder:

Hij is onnoembaar,
[want niemand is Hem voorafgegaan]
om [Hem] een naam te geven.

God heeft alle namen, zegt de hindoe. Niet alleen 108 of 1000.

81

God heeft alle namen wil zeggen dat al wat naam en vorm heeft door God doorstraald wordt. God is in alle namen, in alle vormen, toch heeft Hij zich niet geïdentificeerd met het spel der namen en vormen. Hij blijft de Onnoembare, de Naamloze, de Vormloze.

Kennis des harten neemt afscheid van het idee dat God met het verstand begrepen kan worden. Zoals de schildpad zijn poten intrekt als hij door één vinger wordt aangeraakt, zo onttrekt het goddelijke zich aan ons zicht als we het trachten te raken met de be-grijpende vingers van het verstand. Het denken kan niet anders dan scheiden. Het denken is dualistisch. Ik en het denkproces. Ik en de wereld. Ik en God. Ik en de waarheid. Zoals de afgeschoten pijl niet anders kan dan zijn doel vernietigen, zo kan het denken niet anders dan zijn eigen object van onderzoek tenietdoen. Kennis is altijd fragmentarisch en daarom onvolledig. Onvolledige kennis, ontdaan van liefde voor hetgeen gekend wil worden, is uiteindelijk een bedreiging voor de kenner, het gekende en het proces van kennen. Het geeft de tijdelijke illusie iets te weten, maar uiteindelijk splijt deze kennis zichzelf en laat de arrogantie van het menselijk verstand zien.

Pas als we 'armoede van geest' bereikt hebben, arm aan geest ('mind') geworden zijn, arm aan opinies, dogma's, vooroordelen enzovoorts, zijn we rijp om gnosis te ontvangen. Pas als we onze 'schaamte' (van niet werkelijk te weten) 'afleggen' en al onze 'klederen' (van onwetendheid) voor ons leggen en ze 'zoals de zeer kleine kinderen vertrappelen', zal het goddelijke zich kunnen openbaren (vgl. logion 37 van *Het Evangelie van Thomas*).

'Zalig de armen van geest, want aan hen behoort het rijk der hemelen', zegt de eerste zaligspreking van Jezus.

Waarom?

Omdat alles vanuit de geest, de 'mind', geschapen wordt. 'Eerst is er het denken', begint het eerste vers van de *Dhammapada*, het pad naar waarheid, onderricht door de Boeddha.

Als het denken tot rust komt, dooft de brand van begeerte. Als de brand van begeerte dooft, dooft de brand van de zintuigen. Als de brand van de zintuigen dooft, dooft het branden in de wereld. Als het branden in de wereld dooft, wordt het hart stil en koel. Warm noch koud. Evenwichtig en in rust.

Pas als we met hart en ziel naar de 'kennis des harten' verlangen, zoals de vis die even op het droge ligt verlangt naar de zee, kan onze werkelijke dorst gelest worden. Slechts als we de vergankelijkheid van al wat naam en vorm heeft kennen en tot in het diepst van ons wezen ervaren, worden we rijp voor de 'kennis des harten'. Pas als we werkelijk beseffen dat de koets van lijden voortgetrokken wordt door de paarden van begeerten, kan gnosis zich openbaren.

In *Het Evangelie volgens Maria* lezen we:

'... zal de materie [vernietigd worden] of niet?'
De Verlosser zei:
'Alle naturen, alle vormen en alle schepselen bestaan in en met elkaar en ze zullen weer teruggevoerd worden tot hun eigen wortel. Want de natuur van de materie kan zich slechts tot haar eigen natuur terugvoeren.
Wie oren heeft om te horen, die hore!'

Spirituele wedergeboorte

Gnosis voert tot wedergeboorte. Niet tot wedergeboorte met een nieuwe naam en vorm, een nieuwe levensopenbaring, maar tot spirituele wedergeboorte. Die vindt plaats uit 'water' en 'geest'. Water. Levend water. Gnosis. Geest. Levende geest. Universele geest. Geest van liefde en wijsheid.

De wedergeboren mens weet dat het 'koninkrijk' niet in de hemel is, want dan zouden de vogels hem vóór zijn. Het is ook niet in de zee, want dan zouden de vissen hem vóór zijn (vgl. logion 3 van *Het Evangelie van Thomas*). Het 'koninkrijk' is een staat van 'keuzeloos gewaarzijn' (term van Krishnamurti). Binnen en buiten, hoog en laag bestaan niet in dit universele bewustzijn. Nergens is een centrum te vinden. Alles is zelfloos en

daarom in absolute vrede. Kenner, kennis en gekende vallen samen.
In logion 22 van *Het Evangelie van Thomas* zegt Jezus:

Als ge van twee één zult maken
en het binnenste als het buitenste
en het buitenste als het binnenste
en het bovenste als het onderste
en als ge het mannelijke en vrouwelijke tot één maakt
opdat het mannelijke niet mannelijk blijve
en het vrouwelijke niet vrouwelijk,
(...)
dan zult gij het Rijk binnengaan.

De wedergeboren mens heeft geen 'steen' om zijn hoofd op neer te leggen. Er is geen dogma, opinie, oordeel, godsdienst meer in zijn geest. Nergens hecht hij zich meer aan. Er is geen vaste plek voor hem. Al hebben de vossen holen en de vogels nesten, hij woont nergens meer, omdat hij verankerd is in het Zelf en het Zelf alom aanwezig is. Niets is meer voor hemzelf of van hemzelf. Alles behoort het Zelf toe.
De volstrekte thuisloosheid, die tegelijkertijd opperste vrede is, drukt Jezus zo prachtig uit in de apocriefe tekst van *De Handelingen van Johannes*:

Ik heb geen huis
en ik heb huizen. Amen.
Ik heb geen plaats
en ik heb plaatsen. Amen.
Een tempel heb ik niet
en ik heb tempels. Amen.

Spirituele wedergeboorte is een lang en moeizaam proces, waarbij de mens zich dankzij de gnosis ontdoet van alle waan en illusie. Het is de grootste revolutie in de mens, waarbij alle uiterlijke revoluties verbleken. 'Al zouden we duizenden vijanden in een veldslag verslaan, maar niet onszelf, dan is er geen enkele overwinning behaald', leerde reeds de Boeddha. En de gnostische leraar Sylvanus onderrichtte:

Maak een eind aan alle kinderachtigheden en verwerf voor jezelf kracht van bewustzijn en ziel, en bind de strijd aan met iedere verdwazing van (je) zinnelijke hartstochten, alsook met gemene hatelijkheid, eerzucht, twistziekte, ergerlijke jaloersheid en wraakzucht, woede en hebzucht. Bewaak jullie kamp met wapens en speren. Bewapen jezelf met al je soldaten, die de woorden zijn, en je aanvoerders, die de raadgevers zijn, en (neem) je bewustzijn tot innerlijke gids.

De spirituele wedergeboorte snijdt voorgoed de navelstreng van naam en vorm door en beëindigt de cyclus van levens.

De gnosticus is in staat om door zijn inzicht 'stenen tot brood' te maken, anders gezegd: veruiterlijkte kennis tot geestelijke spijs te maken, waardoor hij zijn metgezellen op het pad als in een wonderbaarlijke spijsvermenigvuldiging steeds méér schenkt uit slechts weinig.

De gnosticus wordt niet meer dronken van de wijn der wereld. Hij treedt uit de levensstroom van begeerte en onwetendheid en treedt ín de stroom van wijsheid en vrijheid. Hij gaat tegen de stroom der gewoonten in. Op zoek naar de bronloze bron. Hij is in de ware zin des woords een 'voorbijganger' (vgl. logion 42 uit *Het Evangelie van Thomas*). De voorbijganger weet dat de wereld voorbijgaat, sterrenstelsels voorbijgaan, het heelal voorbijgaat. En hij weet dat hijzelf voorbijgaat. Wat blijft is het Zelf. Aan niets en niemand kan hij zich meer hechten. Daardoor bloeien in zijn hart werkelijke liefde en mededogen op voor al wat leeft.

Rijpheid voor de spirituele wedergeboorte

Wanneer is een mens rijp voor de spirituele wedergeboorte?
Ten eerste: als hij zich de 'kennis des harten' eigen maakt. Als hij niets en niemand meer wil zijn, hoewel hij zijn taak in het

leven vervullen zal overeenkomstig zijn talenten en mogelijkheden. Hij ziet af van eer en roem en weet dat het de Vader-Moeder is die in hem handelt, de ongrondelijkheid van het bestaan zelf. Hij herkent in het 'niets en niemand zijn' het ware geluk van alles te zijn.

Ten tweede: als hij voorgoed gezien heeft dat al hetgeen naam en vorm heeft, gedoemd is te verschijnen en te verdwijnen. Dat Chronos, de tijd, al zijn kinderen opeet, behalve het kind van licht, Zeus. Hij weet: 'Er is licht binnen een lichtend wezen' (logion 24 van *Het Evangelie van Thomas*). Hij weet dat niets blijft bestaan in de wereld van naam en vorm. Dat machtige paleizen, grote culturen, bloeiende godsdiensten, schone kunsten, planeten en zonnen, sterrenstelsels en universa verschijnen en verdwijnen. Dat de maalstroom van de tijd al hetgeen naam en vorm heeft transformeert in een niet eindigend spel van beweging. Dat alle werelden, stoffelijk, etherisch, astraal, mentaal, hetzelfde lot ondergaan. Dat hemelen en hellen, zelfs de hoogste hemelen der goden, allemaal vergankelijke toestanden zijn en illusie in stand houden zolang we daarnaar streven, wat reeds de Boeddha onderrichtte. Hij heeft geen belangstelling meer voor een andere wereld, etherisch of astraal. Hij ziet ze als vergankelijk en niet bevrijdend. Omdat ze boeiend zijn weet hij ook dat ze 'boeien'. Als een Arjuna uit de *Bhagavad Gita* keert hij zich voorgoed af van de 'drie werelden', van alle werelden van naam en vorm, op zoek naar verankering in het Ene, het Zelf.

Ten derde: als hij de angel van alle lijden volkomen doorschouwd heeft en weet dat de keten van geboorte, ziekte, lijden en dood veroorzaakt wordt door gebrek aan ware kennis, gnosis. Als hij weet dat gnosis dit wentelend rad tot stilstand kan brengen. Dat uit onwetendheid begeerte wordt geboren. Dat uit begeerte ziekte en lijden voortkomen. Dat op ziekte en lijden de dood volgt. Dat op de dood een nieuwe geboorte in naam en vorm volgt. Dat het rad van geboorte, ziekte, lijden en dood maar blijft wentelen totdat de penwortel van onwetendheid en begeerte wordt uitgerukt.

Zo'n mens kan men in de ware zin des woords een 'gnosticus' noemen, 'hij die (ware) kennis heeft'. Door ware kennis, gnosis, wordt het stil in hem. Stil in zijn hoofd. Stil in zijn hart. Stil in zijn handen. Hij wordt een vreemdeling in deze wereld en een vriend van God. Een bogomiel. Een godsvriend. Een kathaar. Een zuivere naar hoofd, hart en handen. Dan gaat hij over tot de daad en wordt dienstbaar aan mens en wereld. Theorie en praktijk zijn één voor hem.

Vijf grote zegels

Om de spirituele wedergeboorte te realiseren bedient de gnosticus zich van vijf grote zegels. Die worden door de wereld maar al te vaak verworpen, bespot, bekritiseerd, genegeerd of gerelativeerd, maar de gnosticus koestert ze dagelijks als vijf parels in het juwelenkistje van zijn hart.

Welke zijn die vijf zegels?
1. De gnosticus verzegelt het *denken*. Hij is uiterst waakzaam over zijn gedachten en voedt geen enkele boze of negatieve gedachte. Hij vervangt negatieve gedachten door liefdevolle en positieve gedachten, zonder partij te kiezen voor iemand of iets. Hij weigert bedorven voedsel voor zijn geest en weet dat alles uit het denken voortkomt. Geluk en voorspoed zijn de kelkbladen van de bloem van het goede; lijden en tegenspoed de kelkbladen van de bloem van het slechte. Zijn gedachten zijn onophoudelijk gericht op het Ene.
2. De gnosticus verzegelt de *vijf zintuigen*.
Hij verzegelt de *ogen* tegen het zien van het slechte. Hij vermijdt slechte indrukken, het zien van geweld, negatieve beelden, en zoekt het schone, het ware, het zachtmoedige. Toch is hij niet blind voor hetgeen zich in de wereld afspeelt.
Hij verzegelt de *oren* tegen het horen van het slechte. Hij vermijdt het horen van negatieve berichten, roddel, smaad, laster, lawaai, en luistert naar het goede, de leringen der wijzen, de

stilte. Toch is hij niet doof voor hetgeen zich in de wereld afspeelt.

Hij verzegelt de *tong* tegen het slechte spreken. Hij vermijdt het spreken van slechte en ruwe woorden, roddel, smaad en laster, en spreekt zachte en goede woorden, vertelt over gnosis, waarheid en liefde. Hij mint de stilte.

Hij verzegelt de tong tegen het eten van voedsel dat door geweld is verkregen, is matig in zijn voeding en vermijdt de scherpe, bittere en kunstmatige smaken der wereld, ziet af van tabak, alcohol en stimulerende middelen. Hij geeft de voorkeur aan plantaardig voedsel, vruchten, noten en natuurlijke drank. Toch weet hij hoe de wereld smaakt.

Hij verzegelt de *neus* tegen de verlokkende geur van de wereld, die zijn andere zintuigen doet ontvlammen en zoekt de geur van de natuur en heilige woorden. Toch weet hij hoe de wereld ruikt.

Hij verzegelt de *vingers* tegen het zelfzuchtige grijpen en bezitten, het tasten dat alleen zichzelf zoekt, niet schenkt of deelt. Toch weet hij hoe de wereld grijpt.

Door de vijf zintuigen te verzegelen neemt de levensdrift in hem af en sterft het verlangen naar de dood.

3. De gnosticus verzegelt het *hart*. Hij weet dat het hart meer is dan een holle spier. Voor hem is het hart de zetel van wijsheid. Hij voedt het hart niet meer met brandende verlangens. Hij laat iedere hartstocht uitdoven en vermijdt het om takken van begeerten op het vuur van het altaar der wereld te gooien. De gnosticus die het hart verzegelt wordt zachtmoedig, gelijkmoedig en edelmoedig. Hij reinigt het hart en plaatst Gód op de troon van wijsheid en niet zichzelf.

4. De gnosticus verzegelt zijn *handen*. Hij zal de oude manier van handelen voorgoed verlaten. Nimmer zal hij het beginsel van 'een oog om een oog en een tand om een tand' toepassen. Liever is hij bereid zelf te sterven dan door zijn handen geweld te veroorzaken. De gnosticus zal alleen nog maar handelen ten dienste van anderen. Aan de vruchten van zijn handelen hecht hij niet meer. Hij ziet en kent slechts de ene Boom. Hij handelt

nimmer voor een beloning, al komt loon hem vanzelf toe. Hij doet goed zonder goed te willen doen, maar omdat het goede in hem doet. Hij is deugdzaam zonder te weten deugdzaam te zijn; hij laat een diepere kracht, boven iedere deugd verheven, in hem handelen. Omdat hij de wet van oorzaak en gevolg en van synchroniciteit kent, weet hij dat hij steeds de bezitter blijft van de pijl die door hem wordt afgeschoten en dat, zoals het kalf uit duizend koeien zijn moeder feilloos weet te vinden, de daad steeds de dader vindt. Alle dingen vallen voor hem samen, omdat alles met alles verbonden is. De gnosticus beoefent het juiste handelen in het juiste beroep. Dat zijn al die handelingen die niet kwetsend zijn, geen verdriet doen, geen pijn veroorzaken.

5. De gnosticus verzegelt de *voeten*. Velen zijn, als Achilles, gewond aan hun voet. Zij gaan kreupel door het leven omdat ze de weg van het midden, de weg van de gnosis, niet bewandelen. De 'kreupele' mens is de mens wiens levenswandel niet is afgestemd op God.

De gnosticus kiest de 'rechte weg', waardoor hij 'wandelt' in God. Hij zal geen boze plekken bezoeken, noch plekken van geweld en verderf. Zijn levenswandel zoekt het pad van zuiverheid voor lichaam, ziel en geest. Toch zal hij het onvermijdelijke niet vermijden. Maar zijn geest zal dan rustig zijn. Hoewel hij soms oordeelt, veroordeelt hij nimmer. Zoals Hermes draagt hij gevleugelde schoenen. Die kunnen nimmer nagebootst worden, omdat ze niet gemaakt zijn van 'het leer' der dieren, maar van 'de leer' der waarheid, waardoor de mens tijdloos wandelt in God.

Rondwandeling in de wereld

En als de vijf grote zegels zijn aangebracht, begint de gnosticus zijn rondwandeling in de wereld.
Hij is dienstbaar.
Door gebed en meditatie.
Door hulpvaardigheid en vriendelijkheid.

Door ascese en stilte.
Door het onderrichten van de leer.

Over het onderrichten van de leer lezen we in *Het Evangelie volgens Filippus*:

Zo is het ook met de leerling van God.
Als hij een wijs mens is,
begrijpt hij het discipelschap.
Lichamelijke vormen zullen hem niet misleiden;
maar hij zal op ieders zielsgesteldheid letten
en dan met hem spreken.
Er zijn in de wereld veel dieren in een menselijke vorm.
Als hij deze herkent,
zal hij de varkens eikels geven,
het vee gerst en stro en gras,
de honden botten.
De slaven zal hij de eerste (beginselen) bijbrengen
en aan de kinderen het volmaakte geven.

De gnosticus beziet eenieder met gelijk oog en een gelijk ge-
moed. Maar hij laat zich niet misleiden door lichamelijke vormen. Hij weet dat de zielestaat het mens-zijn bepaalt. De mens
die nog gevangen is in dierlijke instincten en zijn neus diep in
de aarde steekt (het 'varken') geeft hij geen gnosis, maar aards
voedsel ('eikels'), nuttige inzichten die hij op dat moment nodig heeft en die hem verder helpen. Immers, men gooit geen
'paarlen' (hogere kennis) voor de 'zwijnen' (de aan de materie
gehechte mens). De massamens (het 'vee'), nog gevangen in
collectieve waan en onwetendheid, nog niet gereed om hogere
kennis te ontvangen, reikt hij eveneens geen gnosis aan, maar
enkele eenvoudige leringen die begrijpelijk zijn ('gerst', 'stro'
en 'gras'). De mensen die zich nog te zeer 'vastbijten' aan de
wereld (de 'honden') geeft hij slechts uiterlijke leringen om op
te 'knagen' ('botten'). De mensen echter die, hoewel nog gevangen in hun begeerten en 'geboeid' door de wereld (de 'sla-

ven'), openstaan voor de 'kennis des harten' onderricht hij de eerste beginselen van de gnosis. En aan hen die de waan van het ik en de waan van de wereld geheel doorzien hebben en hun klederen van onwaarachtigheid als 'kinderen' hebben afgelegd, onderricht hij de gnosis volledig.

Zo wandelt de gnosticus door de wereld. En hoewel hij wandelt, laat hij geen spoor meer na. Hoewel men zijn spoor kan volgen, is hijzelf de spoorloze. Hij is reeds gestorven vóór de dood. Zoals *Het Evangelie volgens Filippus* zegt:

Als iemand zich niet eerst de opstanding verwerft,
kan hij niet sterven.
Alleen als God in hem gaat leven,
kan hij sterven.

Misschien schrijft de gnosticus nog wat op. In een boek of ander geschrift. Maar hij weet dat wat onzegbaar is niet te beschrijven is. En hij weet:

Wat in het zand geschreven wordt, verdwijnt eens.
Wat op een rots geschreven wordt, verdwijnt eens.
Wat op een schrijfbord geschreven wordt, verdwijnt eens.
Wat in een boek geschreven wordt, verdwijnt eens.

Het is allemaal een kwestie van tijd. De zeis van de tijd maait alles weg. En opnieuw verschijnen naam en vorm. In een andere constellatie. Een ander decor. Een andere tijd.
De woorden van een gnosticus wijzen slechts naar de vlucht van de kraanvogels. Nergens komen ze vandaan. Nergens gaan ze naartoe. Zijn woorden pretenderen niet meer te zijn dan een lichte vingerbeweging op het water.
De gnosticus is als een lichtende lamp in de wereld. Zijn lichaam is de lamp. God het licht. Hij is vredig. Gelijkmoedig. Geweldloos in gedachte, woord en daad. Er is alleen maar God. Waarheid. Liefde. De glimlach van het zijn.

Eens verdwijnt de gnosticus uit het zicht. Nergens kan men hem nog vinden. Niet in etherische hemelen of astrale werelden. Niet in lichtpaleizen of godenverblijven. Niet in de derde, vierde, vijfde, zesde, zevende, achtste, negende of tiende hemel, waar de *Openbaring van Paulus* uit Nag Hammadi over spreekt.

Zijn wedergeboorte is een opstanding. Een opstanding van het totale leven in hemzelf dat op ultieme wijze zijn ongrondelijkheid als liefde en vrede openbaart...

Alles is wat het is
zonder de golfslag van verleden en toekomst
in een tijdloos nu
waarin dood en geboorte
geen ingang of uitgang meer zijn
en het grondeloze bestaan
alles bevestigt
in een eeuwig Aum-Amen.

Vragen en paneldiscussie

Vraag: *Ik zou graag willen weten of het juist is dat u wat negatief sprak over reïncarnatie, alsof dat een soort ik-proces is.*

Marcel Messing: Zo het oor hoort, zo ontvangt het. Dat betekent dat de één misschien meent dat ik mij negatief heb uitgelaten; de ander heeft misschien gehoord dat ik bedoeld heb dat het een oppervlaktewerking is, een golfbeweging door de kracht van het ik teweeggebracht, met de kanttekening dat wat onveranderlijk blijft, het eeuwige zijn is. Al zou ik mij negatief over reïncarnatie uitlaten, wat ik voor mijn gevoel echter niet gedaan heb, het zij zo. Het is in wezen niet van belang of wij geloven in reïncarnatie of niet. Het is van belang dat wij de vleeswording in naam en vorm zien en zien wat is. Als de een zegt: Dat is een proces van reïncarnatie, en de ander niet, dan zit je al snel in de twist van een nieuwe strijd en de kiem van een nieuwe heilige oorlog is dan gauw gelegd. Nu persoonlijk, mensen die mij al wat langer kennen, weten dat voor mij reïncarnatie een bestaand iets is. Dat betekent dat ik dat niet in één, twee keer kan uitleggen, maar ik was ook aanwezig op het symposium *Reïncarnatie* in Utrecht en heb ook daar getracht te laten zien dat reïncarnatie een relatieve werkelijkheid is. Zeer zeker. Voor mij persoonlijk dus een relatieve werkelijkheid. Dat betekent dat ik daar nooit een strijdpunt over zal maken. Wij reïncarneren iedere seconde, nu bent u al duizendmaal gereïncarneerd, u, ik, ieder. U bent niet meer dezelfde als diegene die net die vraag heeft gesteld. Ik niet meer die antwoord gaf. Wij zijn duizend en één keer veranderd terwijl wij contact maakten.

Ja, ik heb in mijn vraag misschien te veel de reïncarnatie benadrukt. Waar ik vooral de nadruk op wil leggen, is, dat een mens

een onvoorstelbaar lange tijd nodig heeft om te komen tot de
idealen die u zojuist geschetst heeft. Dan zeg ik: Ik ben er ook
niet zeker van, door allerlei eigen ervaringen, dat ik vele levens
nodig gehad heb om nu een kleine opdracht in mijn huidige le-
ven te volbrengen. Ik verwacht dat ik nog vele levens nodig heb
voordat ik daar ben.

Marcel Messing: Ja, daar kan ik ook kort op zijn en zeggen: Ik
ben het helemaal met u eens, voor mijzelf denk ik dat ik er vele
levens aan gewerkt heb om te zijn wat ik niet ben en ik was
enorm getroffen door de waarheid van de *Bhagavad Gita* waarin Krishna zegt: '*Ik ken al uw reïncarnaties.*' Dat betekent in
wezen dat op het fundamentele niveau van het goddelijke het
goddelijke in alle vormen die zich thans dansend in de oceaan
van leven bewegen continu aanwezig is. Een tip. Misschien
kent u het prachtige werk uit het Oosten de *Bhagavad Gita*,
waarin reïncarnatie beschreven wordt op twee manieren, vanuit
het standpunt van de mens Arjuna en vanuit Krishna, en
Krishna is onze diepe werkelijkheid. En Krishna, of we die nu
God noemen of Christus, incarneert nooit persoonlijk in de zin
van u, ik.

Vraag: *Met alle waardering en diep respect voor wat u heeft*
gebracht, maar kunt u iets zeggen over het tragische aspect van
de werkelijkheid? Enkele voorbeelden: een moeder baart een
kind dat erfelijk belast is, zonder dat de ouders het weten, en
dat dus een ellendig leven tegemoet gaat. Ik wil wijzen op de
misstanden waar Amnesty International op wijst, en op die ont-
zettende martelpraktijken en moordpartijen in Rwanda. Zo zou
ik door kunnen gaan. Ik neig ernaar om te zeggen met de u on-
getwijfeld bekende Perzische dichter Rumi: 'Het is zoals het is',
maar niet alles is zo naar het licht toe; je kunt niet anders zeg-
gen dan het is zoals het is, van Rumi. Ik mis dus eigenlijk het
tragische aspect dat er ongetwijfeld is achter de werkelijkheid.
Ik mis dat vooral bij de laatste spreker.

Marcel Messing: In een nieuw boek, over geweldloosheid, tracht ik met vele voorbeelden aan te geven dat het kwaad, het boze, het absoluut negatieve niet existentieel is, maar in feite een vrucht van onze onwetendheid. In zekere zin, zouden we kunnen zeggen, is er schaduw, is er duisternis, maar intuïtief, innerlijk zeg ik dus nee tegen de opmerking dat dit eigen is aan een voortdurend blijvende evolutie. Voor mij geldt dat dit een tijdelijke schaduw is van een tijdelijke catastrofale ontwikkeling, voortgekomen uit gebrek aan inzicht, gebrek aan ware kennis, gebrek aan liefde.

Daar kan ik volkomen met u in meegaan, tenzij één moment als zodanig. Als je in een Jappenkamp hebt gezeten en je weet hoe iemand wordt afgestraft en noem maar op, dat is werkelijk het existentiële lijden. Voor mij is het het existentiële tragische. Je kunt het natuurlijk verklaren via oorzaak en gevolg, gebrek aan kennis, onwetendheid. Maar ik zit dus met de vraag die ligt besloten in de titel van een boek 'Als het kwaad goede mensen treft'. Ik zit echt met het lijden, dat is er en je valt er soms aan ten prooi.

Marcel Messing: Ik kan het alleen maar bevestigen. Er is een afschuwelijke werkelijkheid, die zo bizar is dat die in de meest verschrikkelijke concentratiekampen gestalte heeft gekregen, en dan kun je wel zeggen: Wat weet jij daarvan, maar in iedere cel van het lichaam draagt ieder mens ook het kwaad in zich mee, het lijden, de afschuw en het verdriet. U moet niet menen dat mij dat ook niet vreselijk aangrijpt. Dat is een lijden dat veel dieper is dan mijn eigen persoon. Alleen meen ik voorzichtig te mogen zeggen, en ik heb dat een beetje intuïtief mogen ervaren, dat voor mij dit niet als iets substantieels blijft, als iets blijvends, als een voortdurende schaduw van het goddelijke; maar als een heel tragisch bijeffect, wat uiteindelijk zijn zin en betekenis heeft, maar dat ligt vaak op een enorm emotioneel vlak waardoor een helder zien, een helder schouwen vaak onmogelijk is. Ik herinner mij nu even een brief van Teilhard de Chardin aan zijn achternicht Marguerite waarin hij schrijft dat door de enorme smeltkroes van lijden, waar de evolutie doorheen gaat, uiteindelijk ook de liefde des te beter gekend wordt. Nu lijkt dat een drogreden, toch geloof ik dat dat absoluut waar is. En waarom, dat kun je alleen maar innerlijk achterhalen en er zin aan geven.

Vraag: *Ik las kortgeleden iets van iemand over een proces van channeling, dat hij een opdracht had gekregen van diegene die vroeger de maagd Maria was, om iets te doen. Toen zei degene die dat door kreeg: 'Ja maar moet ik dat doen, ik ben helemaal niet katholiek.' 'Ja', zei Maria toen, 'ik ook niet.' En zo zou ik me kunnen indenken dat als Jezus iets dergelijks gevraagd zou worden, hij er mogelijk bezwaar tegen gehad zou hebben om christen genoemd te worden. En als ik dan even teruggrijp naar de titel van dit symposium, dan waren er twee aspecten die mij aantrokken: gnosis en innerlijke ervaring. Maar bij christendom dacht ik even: Hoe moet dat nu, zijn we eigenlijk niet veel verder gegaan? Is het onderwerp eigenlijk niet veel ruimer en moeten wij ons nu beperken, en daarmee verbonden: wordt het niet eens tijd dat wij die begrippen loslaten? Dat we die afzonderlijke bakens die alleen maar scheidend werken eens vervangen door een universele waarheid die alle leraren en avatars gebracht hebben? Alleen de mensen hebben er die beperkende naam aan gegeven.*

Jacob Slavenburg: Het symposium heet inderdaad *Gnosis, christendom en innerlijke ervaring* en ik denk dat het heel bewust zo is genoemd omdat het ook handelt over de geschriften in de kruik van Nag Hammadi die gevonden is en waarvan vandaag het eerste deel in de Nederlandse vertaling is gepresenteerd, en er zitten in die kruik ook enkele christelijke geschriften die van grote betekenis zijn. In wezen is het natuurlijk helemaal niet belangrijk. Marcel kent die man vast wel bij naam, maar er is eens een groot Indisch filosoof geweest die heeft gezegd:

'Het is goed om in een godsdient geboren te worden, maar niet goed om erin te sterven.'
Dus ik denk ook dat het uiteindelijk zo zal zijn dat er sprake is van één wereldreligie of van geen, wat in feite niet belangrijk is omdat dat dan toch hetzelfde is. Het ligt toch wel voor de hand om in een maatschappij als de onze, en daar bedoel ik dan mee een westerse maatschappij, dat christendom in onze overwegingen en ook hier tijdens de forumdiscussie te betrekken, om de doodeenvoudige reden dat er hier atheïsten, gereformeerden, katholieken, humanisten zitten en wij toch allen opgevoed zijn in een maatschappij die er zogenaamd christelijke waarden op na houdt. Hein refereerde reeds vanochtend aan de ethische waarden en het normatieve en ik denk dat dat heel goed is; dat ieder voor zich in zijn of haar eigen leven bekijkt wat dit aangedragen heeft, wat dat geboden heeft, om het daarna weer los te kunnen laten. Maar dan zul je het eerst toch moeten herkennen. Het is gelijk de uitspraak van Jezus die ik mocht citeren uit het *Gesprek met de Verlosser*: *'Hij die niet in de duisternis staat, zal ook niet in staat zijn om het licht te zien.*

Hein Stufkens: Er schiet mij een verhaaltje te binnen over een boer die water zocht en die op zijn land begon te spitten. Hij spitte een halve meter en hij vond niets, vijf meter verder weer een halve meter en hij vond weer niets, twintig meter verder en na een halve meter weer niets. Toen kwam zijn buurman en hij zei dat hij op zijn land in ieder geval geen water kon vinden en hij vroeg hem om raad. De buurman wilde hem wel helpen en deed het hem voor. En hij begon te spitten en ging vijf meter diep en hij vond water. En het gevoel dat ik heb bij *'het is toch allemaal hetzelfde'* en *'wat maakt het uit'*, je kunt toch overal winkelen en overal iets van verschillende godsdiensten meenemen en misschien is het wel waar dat het in wezen in alle gevallen over hetzelfde gaat, maar ik denk dat je niet bij die bron komt als je niet een weg gaat. Eén weg. En welke weg maakt mij niet zo veel uit, alleen het is voor mij gezien de cultuur waarin ik leef, het zoeken in de christelijke traditie of daar die bron bereikbaar is. Wat niet wegneemt dat ik mij bijzonder interesseer voor oosterse godsdiensten en met name voor het boeddhisme. En dan zie ik inderdaad dat het over het algemeen over hetzelfde gaat. Maar ik ben er geen voorstander van om een soort salademix met verschillende godsdiensten te nuttigen, omdat ik denk dat dan de bron niet bereikt wordt.

Literatuur

Broek, R. van den, *De taal van de gnosis*, Baarn 1986.

Churton, Tobias, *Geschiedenis van de gnosis*, Utrecht 1989.

Dieperink, Martie, *New Age en christelijk geloof*, 4e dr., Kampen 1991.

Freitag, K.E., *Het Evangelie van Thomas. Het lied van de parel*, Amsterdam 1966.

Jong, H.M.E. de, 'Spirituele alchimie' in: Messing, M., (red.), *Religie als levende ervaring*, Assen/Maastricht 1988.

Klijn, A.F.J., (red.), *Apokriefen van het Nieuwe Testament*, dl. 2., Kampen 1985.

Messing, M., *Van levensboom tot kruis. Begintijd en eindtijd*, Deventer 1994.

Quispel, G., (red.), *De hermetische Gnosis in de loop der eeuwen*, Baarn 1992.

Robinson, James, M., *The Nag Hammadi Library in English*, 3e dr., Leiden 1988.

Ruysbeek, E. van, M. Messing, *Het Evangelie van Thomas*, 2e dr., Deventer 1991.

Scott, W., (red.), *Hermetica. The Ancient Greek and Latin Writings (...) Ascribed to Hermes Trismegistus*, dl. 1., Boston 1985.

Slavenburg, Jacob, *De geheime woorden*, 2e dr., Deventer 1992.

Slavenburg, Jacob, Willem Glaudemans, *Nag Hammadi-geschriften I*, Deventer 1994.

Slavenburg, Jacob, *De verloren erfenis*, Deventer 1993.